なぜ日本株はこれから30年爆上げし続けるのか?

Japanese stocks soar for 30 years!

武者陵司
Musha Ryoji

エミン・ユルマズ
Emin Yurumazu

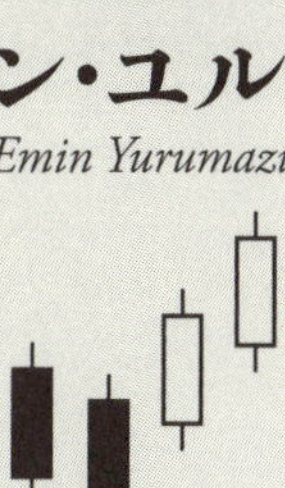

かや書房

本書の対談内容は情報提供が目的で、投資を推奨するものではありません。投資判断は自己責任で行ってください。本書に記載した情報は、２０２５年２月末時点のものです。

はじめに

２０２４年の２月22日に日経平均は、１９８９年の大納会でつけた史上最高値の３万８９１５円を更新しました。私はこの日を一生忘れることがないでしょう。なぜならば２月22日は私の誕生日でもあるからです。史上最高値の更新は日本株の強気派として知られる私に市場がくれた最高の誕生日プレゼントでした。私は２０１９年に『米中新冷戦のはざまで日本経済は必ず浮上する』（かや書房）というタイトルの本を書きました。本のカバーにも書いていますが、この本で日経平均は令和時代に30万円となると主張しました。30万円までまだ道は遠いですが、発売から5年もたたないうちに日経平均が倍の価格に到達したのはとてもうれしい出来事です。

コロナパンデミックをきっかけに世界各国は壮絶なインフレに晒されて、インフレを抑制するために軒並み利上げに踏み切りましたが、完全に抑えることがいまだにできていません。インフレと高金利は一般人の生活を直撃し、２０２４年に世界政治は大きく動きました。2024年に主要国で行われた選挙ではすべて与党が負けていますが、米国は特に象徴的で、132年ぶりに2期目の再選に失敗した元大統領が政権に復帰しました。日本もあわや米騒動に発展するくらいお米の価格が上がり、インフレ率は総合指数で米国を超えました。日本の政治と経済も大きく動く時代に入りました。変化とは必ずしも良い方向に向けて起きるとは限りませんが、日本市場は良い方向に変化しているのは間違いありません。

昔から日本株に強気だった専門家は少ないですが、もちろん私ひとりだけが強気だったわけではありません。武者陵司先生も仲間の一人です。彼は2013年に書いた『日本株「100年に1度」の波が来た!』(中経出版)で日経平均が4万円になることを予想し、見事に的中させました。数年前から複数の番組や取材で対談していますが、今回は幅広いトピックについて深い議論をし、意見を交わしました。当然ながら彼と私の考えがすべてのトピックで一致しているわけではありません。また、市場へのアプローチにも違いがあります。だからこそこの本は読者の皆さんに大いに刺激になる内容になったのではないかと思います。

２０２５年３月　東京

エミン・ユルマズ

なぜ日本株はこれから30年爆上げし続けるのか?

Japanese stocks soar for 30 years!

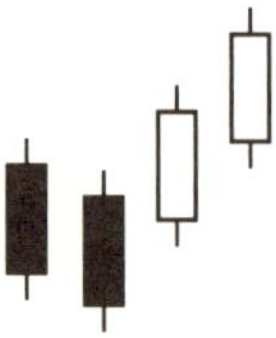

目次

日中の金利差は歴史的な水準に縮小した
なぜ日本経済は30年間も低迷したのか
アメリカ株のバブルは続くのか?
長期的に仮想通貨はどうなるのか

「日経平均大暴落説」についてはどう考えるか?
個別株がいいのか、インデックスがいいのか
信用取引はしたほうがいいのか、しないほうがいいのか。
空売りをするべきかどうか。
ドルコスト平均法はお勧めか?

現在、日本株を大きく買っているのは誰か？
個別株の選び方は？

おわりに

装　幀●冨田晃司
著者写真●岩本幸太

第1章 中国バブルの崩壊と日本株

中国経済の驚異的な発展と、行き詰まり

エミン　日本がデフレに陥った要因の一つに、中国経済が猛烈な勢いで大きくなったことが挙げられます。要するに、中国は安い人件費を利用して、日本を含む世界にデフレを輸出し、巨大になった。

ところが今、その中国の経済が崩れつつある。これまで膨らんできた中国のバブルが現在、弾けようとしているのです。

自国のバブル崩壊を防ぐために、中国は金融緩和を断行し、銀行にも資金を注入しています。急激な景気の悪化に焦っているのでしょうが、中国経済の悪化は構造的な問題です。簡単に解決するようなものではありません。

中国株は一時的に上昇することもありましたが、すぐに下がって元に戻っています。中国経済が危機に陥っている理由としては、経済発展のモデルが行き詰まったことと、もう一つは思想的、イデオロギー的な側面があります。

今まで政府主導でインフラ投資とか、国内投資などを誘導して経済発展をしてきましたが、その供給源が止まってしまいました。今までは1の投資をしたら、2とか3のアウトプットが出続けていましたが、今は9の投資をしても1出るかどうかぐらいのレベルまで悪化しています。経済の規模が巨大になり、どうにも立ちいかなくなったことが悪化した大きな理由の一つです。

もう一つは中国の思想的な要《かなめ》、中国共産党を守るためには、資本家の誕生が望ましい流れではないことです。

その二つの構造的な理由で、中国経済は現在厳しい状態に追い込まれています。

武者　中国経済は今、長期的な大成長が終わって、恐らくシステムが崩壊するかどうかという瀬戸際、長期的な停滞、あるいは経済の著しい後退という巨大な転換点にあると思うのです。中国の成長を支えた要素はわかりやすく整理すれば、二つあります。

一つは、共産党政権による強権的な資源の傾斜配分。他の国だったら人々に私権がありますが、中国は極めて強力な中央集権なので、さまざまな資本を当局が自由に采配できる。その結果として大きな成長をしましたが、結局、中国の体制による資本主義的成長も限界に達し、これから社会主義的な方向にシフトせざるを得ないでしょう。

さまざまなものをすべて国有化して、最終的に社会主義化することで解決させるしか、出口はもうないのではないか。いわゆる市場経済とか、あるいは資本主義経済での出口は非常に困難で、それをやろうとすればシステム崩壊みたいなことになる。それを回避するとなると、より徹底した社会主義化しか残されていないかもしれません。

エミン その可能性は高いでしょうね。

武者 もう一つの中国の大成長の大きな要因は、世界の分業の中でオーバープレゼンス（特定地域に短期間で集中的に大量の輸出や海外直接投資が行われる過剰進出現象）をつくって、海外から所得だとかビジネスチャンスを中国に集中させたことです。中国に対する資本、技術、それから市場の集中によって、中国はこれまでの他のどこの国にも見られないような、劇的な成長を遂げました。

グローバルな歴史の中でもさまざまな資源の中国への極端な集中は、歴史的に見てあのときしか起こらなかったことです。ただし、結局中国のフランケンシュタインにも似たオーバープレゼンスが、今後世界からどんどん排除されることになってきます。

そういう意味で、インターナショナルという面で、中国がますます孤立化して困難に陥っていく。国内における共産党の中央集権的な動きの帰結ということと、グローバルな面と、その両方からの隘路《あいろ》（妨げとなる難点）は大きく、中国は短期的にさまざまな景気テコ入れ策が打ち出されても、いずれも短命に終わるだろうと思います。

エミン　中国の経済モデルは中国特有のものではありません。結局、日本がやって、韓国がやって、台湾がやって成長してきた、いわゆる東アジア諸国の、「輸出主導で経済成長しよう」というモデルと同じです。

その稼いだ外貨で国内にインフラ投資という、日本では70年代に田中角栄がやってきたことと同じことを行ってきたわけです。ある国が発展する過程で、いくつかステージがある。国がまだ発展してない過程の経済の中心は農業、それと鉱山。そのステージでは、資源を売るしかありません。

日本も江戸時代から明治維新にかけて、持っている資源を売った。当時、日本にはたくさんの銅山とか、金鉱山があった。そこから得たキャピタル（資産）で初めて西洋的な製造設備をつくったわけです。

武者　最初につくったのは渋沢栄一の富岡製糸場ですね（1872年操業開始）。

エミン　そこから金融を発展させて、日本は産業化しました。繰り返しますが、第1ステージは農業製品とか、地下資源を売ること。次にそれによるキャピタルで、モダンな製造設備をつくって、製造業を育てる。そして、その製品を輸出して伸びて、外貨を稼いでいくというのが第2ステージです。さらに第3ステージは、製造業中心の国からサービス業中心になって内需が拡大し、自国でつくる付加価値の高い商品を、自国民が買うことができるだけの経済力に達することです。

第3ステージは、日本でいうと、ソニーとかトヨタがつくっていた製品を、日本国民が買うようになることです。その第3ステージまで日本は伸びた。その意味で日本は、非常に教科書的な経済発展を遂げたわけです。今でも日本の輸出依存度は15%程度なので、わりとサービス業中心の国なのです。

武者　中国は、まだ第2ステージですね。

エミン　そう。中国は内需が伸びていない。となると、自国でつくっている付加価値の高い、値段の高い商品は、中国人自身は買えない。自国民が消費できていないので、海外に輸出しなくてはならないわけです。それが今まではできた。

ところが2013年以降に、欧米と中国が対立構造に入ってしまった。新しい冷戦構造となって、簡単には輸出できなくなった。今でも追加関税を課されて、最近ではEUが中国の電気自動車に対して追加関税を課そうとしている。もちろん、トランプも追加関税を課しました。

武者　それならば、「残りは新興国に輸出すればいい」という狙いもあったとは思うけれど、新興国には自国を発展させたいという意志がある。だから、すんなりとは買ってはくれません。

いびつな拡大を続けた結果、中国経済は？

エミン　新興国も「自国の製造業を育てていきたい、金持ちになりたい」という意志があります。日本や中国と同じ過程をたどり、新興国から先進国になりたい。そのために保護主義的な政策を取らざるを得ない。だから、今の中国の過剰生産能力は簡単には輸出できないのです。つまり、過剰生産された製品が売れなくなってきたわけです。

武者　今までの中国は自国のローコストのものを、海外に輸出してデフレを海外に広めました。デフレを世界に輸出することで、自国のデフレが解消されてきましたが、そのシステムが行き詰まってしまいました。

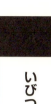

エミン　その結果、デフレ要因は、中国国内に溜まってしまいました。企業にどんな生産能力があっても、その生産能力が捌《は》けない。つくった自動車とか、家電とか、何でもいいけれども、捌けなければ、当然ながら自分のところの従業員に賃金を払えない。資金がなければ、設備投資をして生産能力を増やすこともできません。ここから数十年の中国はかなり強いデフレ圧力に直面するでしょう。

武者　中国は東アジアのグローバル経済依存型の発展の最終形態です。最初は日本で、その後に韓国、台湾、そして最後に中国となった。そういう意味で類似性はありますが、中国の場合はマグニチュードが極端でした。たとえば、鉄だったらピークだと世界シェアの6割近く、セメントだと7割とか、スマートフォンの生産では9割とか、もちろん部品は輸入するわけですが、さまざまな産業集積（特定の地域に関連する企業、産業、研究機関、労働者などが集まり、地理的に密集している現象）の中国に対する集中の度合が極端に膨らみました。

なぜそれができたかというと、一つはグローバル経済が中国に寛容だったことです。共産党独裁体制で国内市場を閉鎖している中国が、ＷＴＯ（世界貿易機関）に参加することができたという意味で、世界と非常に非対象な関係でした。つまり自分の国には入れないんだけれど、どこにも入っていけることになったのです。

他の国からの資本はどんどんウェルカム、そして技術もさまざまな形で容易に取得できる。しかも、できたモノを世界の市場で売るという、通常の国にはないような、有利な産業競争条件が長期にわたって続くことになったのです。中国の人口は世界の中で17％しかないにもかかわらず、さまざまな産業は、たとえば製造業だと世界のシェア４割くらいを持っている。したがって中国が咳をすると、世界中が風邪をひく、不況になるほどの影響力を持つようになったわけです。

中国はアジアの同じような他の国と、似た発展経路をたどりながら、実際は強権的で中央集権的な国であることによって、極端で強力な経済発展を実現してしまった。とてつもなく強くなったのです。

エミン　10年前だったらファーウェイのような企業が中国から誕生することは考えられませんでした。

武者　中国はグリーンエネルギーなど、最先端に行けば行くほど、世界に対しての競争力が強まっています。端的に言うと、世界という経済の中の、巨大なクジラになってしまった。

もう一つ、問題があります。中国がそこまでグローバルなプレゼンス（影響力）を拡大しながら、中国人の生活レベルはそれほど上がっていません。特にGDPに占める消費の割合は、世界のどこの国も5割を超えているけれども、中国の場合はまだ30%台です。一方、固定資本形成への投資は4割を超えています。極めていびつです。

発展の段階で国内の市場が小さいのは、他のアジアの諸国の発展の初期には見られた現象です。しかしながら中国は、グローバルでは大きくなったにもかかわらず、国内は小さいままで留まっているという、アンバランスな状態のまま、経済がどんどん拡大してしまいました。

そのアンバランスの結果、何が起こったかというと、巨額の対外余剰、つまり経常収支の黒字です。国内で使い切れないような巨額な貯蓄余剰が、中国で発生したのです。その貯蓄余剰が結局、不動産バブルになりました。そういった意味での対外余剰が、不動産バブルになって、大きな災いを後にもたらすのは日本でも起こったことです。

エミン　不動産バブルは、韓国とか他の国にも起ころうとしていますね。ただ、中国はその規模がとてつもなく大きい。

武者　よく中国で白髪三千丈《はくはつさんぜんじょう》という、誇大妄想的な表現がありますよね。白髪三千丈とは、極端に大風呂敷を広げることを示唆する言葉。まさしく共産党独裁の下で大風呂敷を広げたことによって、そのツケが大変なことになって、自律的な市場経済の中で解決することが難しいほどの規模になってしまったのです。
具体的にはアンバランスな供給力過剰とか、消費が小さいとか、巨大な貯蓄とか、バブルとか、それぞれのスケールが、他のどこの国も経験したことのなかったようなスケールになっています。したがって、中国の将来的な展望はかなり厳しいのです。

中国のバブル崩壊は桁外れ

武者　中国の主要都市の不動産バブルは極端で、北京とか上海だと住宅価格が年間所得の40倍くらいまで上昇しています。他の国だと上がってもせいぜい20倍です。日本のバブルのピークのときでも20倍以下でした。いかに中国のバブルのスケールが大きいか、不動産価格からだけでも理解できます。

エミン　日本の不動産バブルのコストは１９９０年から２００５年までの15年間で、トータルで大体１００兆円と言われています。中国の場合は根本的に処理しようと思えば、おそらくその20倍くらい、2000兆円近くが必要でしょう。それでも足りないかもしれません。

日本の場合は、1990年から1992年の間で経営破綻した企業を見てみると、債務は多くて数千億円くらい。1兆円とかの規模にはなりませんでした。中国は恒大集団だけで5兆円くらい。碧桂園《へきけいえん》（カントリーガーデン）の2023年の最終赤字が日本円で3兆8000億円余り、2024年1月から6月までの半年間の最終損益も、日本円で2700億円余りの赤字（2025年1月15日・NHKニュース）。もう、日本のバブル崩壊と比較しても、まるで規模が違うわけです。

武者　日本の不動産はピークから8割下落しました。中国の場合はバブルが崩壊したとはいえ、まだ価格は中古住宅でも2～3割の下落程度です。これだけの債務があっても、まだまだバブルが弾けたとは言えない状態です。

エミン　そうですね。

武者　中国の資産価格がさらに現在の半分になるとすれば、これから起こる潜在的な不良債権の規模は、もう天文学的な数字になります。

エミン　日本は大きな高層ビルを建てて、途中で建設が止まったみたいなことはありませんでした。中国は住宅だけではなく、今、超高層ビルが建築中に捨てられるみたいな事態となっています。未完成のビル群が膨大に捨てられているのです。

武者　この状況だと、もう、処理のしようがないですよね。

エミン　処理しようがありません。そもそも日本だったらこんな事態はあり得ません。

武者　しかも、中国は不動産バブルが不動産に留まっていません。日本のバブルは完全にバランスシートの上での問題でした。つまり、持っている資産の値段が下がったので、今まであった資本がマイナスになってしまったのです。マイナスになった資本を、政府からの公的資金注入などでリバランスすることで再生しました。基本的にはすべて、金融のバランスシートの話だったのです。

エミン　中国は大きく値上がりした土地を手掛かりにして、地方政府は大きな収入を得ました。つまり、共産主義ですから、中国の土地は事実上すべて国家のものですが、土地の使用権を販売して、資金調達したわけです。

武者　中国の支出の大体8割ぐらいが地方。地方の歳出の原資となる収入の4割が、ピークだと43％が土地の使用権の売却でした。

エミン　そうですね。

武者　土地がどんどん値上がりするのでその使用権は高く売れましたが、土地が下落すれば、もう売れません。本来、存在しない購買力を土地の使用権の売却という形で実現して、猛烈な投資を可能にしたわけです。そうして不動産バブルをつくっていきました

もう一つは猛烈なインフラ整備です。２００８年に中国の駐日大使が、経済同友会でスピーチをしました。「これから中国は縦横４本ずつの巨大な新幹線をつくります。日本をすぐに追い抜きます」なんて言っていました。

当時、中国では、新幹線はまだ着工するかどうかという時期。ほぼスタートという頃でした。

ところが数年のうちに日本の新幹線の総延長を超えて、２０２５年には5万キロ、日本の15倍もの総延長の新幹線をつくってしまったのです。

エミン　ただ、それだけの新幹線をつくっても、まともに動いていないところもあるわけです。

武者　実際にできた新幹線は料金によって投資を回収して、償却していかないといけません。ところがその新幹線がまともに動いていないのです。結局、不動産の過剰なバブルだけではなく、過剰なインフラも、それから過剰な企業設備も、そして捌《さば》ききれない住宅も

つくった。おそらく経済計算では成り立たないことをやったわけです。

本来だったら「採算に合わないからやめよう」というブレーキが掛かるはずなのですが、悲しいかな共産主義者のメンタリティなのでブレーキがありません。中国のバブルにはそういう背景があります。

エミン　それと出来がよくないので、耐用年数が危うい。中国製品はすぐに壊れますが、道路とかもすぐに壊れます。だから、ここから数十年の中国は、ありとあらゆる巨大なインフラが機能しなくなっていきます。今後、老朽化した道路や鉄道ばかりみたいな状況になりかねない。まるで古代文明の遺跡みたいになってしまう可能性があるのです。

日本もインフラのメンテナンスが大変で、今、いろいろなところで道路や鉄道が老朽化して問題になっています。日本のような国土が比較的狭い国でさえ難しいのに、中国にできるわけがありません。

現在、インフラのメンテナンスで困っていない国はないかもしれないほどです。アメリカもイギリスも200年前ぐらいにできた下水道が、いまだに動いています。結局、新しい投資ができない。その理由は採算性がないからです。中国は、そういう採算性や維持の大変さとかそういったことをすべて無視してインフラをつくってしまった。なぜかといううと、無限に土地の使用権が売れると思ったからです。

武者　あとは人口。東アジアは大きな人口ボーナスとともに、経済発展しました。しかし、中国の人口はもうピークアウトしています。

エミン　日本も結局、人口がピークアウトして、人口による労働集約型の経済モデルはストップしました。これからは中国でもストップします。なぜなら中国の出生率は日本を下回っていますから。

武者　特に一人っ子政策は非常に乱暴な政策でした。中国は過剰な投資依存の経済だから、消費を高めて、内需を高めて、このインバランス（不均衡）を解消するしかない。しかし、今のように資産価格が下落して、その結果として中国の人々の富や人口がどんどん減っている状況では消費を高めようがない。

中国人は9割が持ち家で、中国人の貯蓄の7割は住宅不動産です。その資産がどんどん値下がりして、場合によっては半分以下になっていきます。雇用も厳しいので生活防衛に走らざるを得ません。そうなると、消費を切り詰めるしか手段がないのです。

本来は投資が落ち込んでバブルが崩壊した経済を支えるのは、消費を増やすことですが、消費はどんどんシュリンク（縮む）して、社会保障も十分にありません。だから老後のために頼りになるのは自分の貯蓄だけになります。その結果、ますます、節約する必要から消費が抑制されるという悪循環に陥っているわけです。それを政策的に転換させることができるかどうかが問題です。当然当局はやりたいだろうけれども、至難の技です。資産価格が下落しているときに、どんどん消費しようというメンタリティにはならないですからね。

政治的、地政学的な意味でも行き詰まっている

エミン　中国の人々は、みんな土地の使用権は永久に上昇すると思っていたでしょう。バブルのときの日本人と同じです。

武者　はっきりした見通しがないまま、その場しのぎで成長してどこかでなんとかなると思っていたけれど、どうにもならないままピークがきてしまった。

結局、中国のバブルの出発は2008年、経常収支の黒字がGDPに対して10%という、ものすごい所得余剰が生まれたことです。使い道のない貿易黒字が貯まってリーマン・

ショック後に4兆元の巨大な投資をして、中国が一時的に世界経済を支えたことがありました。その後、住宅バブルがきて、それを抑えるために、習近平氏が主席になった2013年から引き締めに入りました。

エミン　2015年のチャイナ・ショックで大変なことになって、引き締めをやめて、またアクセルを吹かせた。そのアクセルがバブルを生んでしまった。またブレーキを掛けたけれども、次はコロナ・ショックでまた緩めました。

武者　ブレーキを踏み切れないままに、またバブルが大きくなって、とうとう2020年に、「負債は前受金を除いた資本の70%まで」「正味資本が負債の100%以上あること」「短期負債は現金性資産の1・0倍まで」というスリーレッドラインと呼ばれる、非常に厳しい融資規制が打ち出されました。これによって中国がこれからバブル崩壊の悪循環に入っていくという、既成事実が出来上がったわけです。

エミン　何とかしたいというのは、ずっとあったけれども、結局行くところまで行ってしまいました。巨大なマシナリー（組織体）で、大きなタイタニックみたいなものです。タイタニックは氷山にぶつかりそうになって、ものすごい勢いで舵を切ったけれども、船が回り始めるまで時間がかかったのです。

武者　中国は舵を一生懸命切ろうとはしたけれど、巨大すぎて、結局ピクリとも動きませんでした。

エミン　バブルには二種類あって、一つは不動産とか、資産的なものの価値が上がること。もう一つはテクノロジーバブルです。テクノロジーバブルの場合は、その後に何かしら残します。

たとえば、１８４０年代にイギリスで鉄道バブルがあり、１８９０年代には自転車バブルがありました。

鉄道バブルのおかげで鉄道技術が発展して、その後に潰れた企業もありますが、残った企業もたくさんあります。自転車バブルのときには自転車関連銘柄が盛り上がって、最終的に崩壊したけれども、ミシュランとかダンロップという企業が残りました。どちらもタイヤメーカーとして、今も有名です。

１９２０年のアメリカではラジオバブルが起きました。これは家電バブルでもありました。ラジオが初めて出てきて普及して、家電が注目されたのです。その後、いろいろな企業が生まれて潰れたけれども、残った技術は必ずあります。１９７０年の半導体バブルもそうだし、２０００年のＩＴバブルも、同じです。

武者　いろいろな企業が生まれて潰れて、新しい技術が発展して今はＧＡＦＡＭが生き残っています。

エミン　しかし、不動産バブルは、何も残しません。非常に破壊レベルが高いというか、異質なのです。１９００年代のシドニーの不動産バブルから始まって、いろいろなところで不動産バブルが起きては崩壊しています。

同じような不動産バブルはトルコでも起きています。新興国は特に不動産バブルが起きやすいのです。そして、何の技術も残りません。社会に何もいいものを残さないのです。残るのは、すべて要らない箱物などの負の遺産ばかりです。日本も同じですが、不動産バブルを体験するとトラウマになって、その後の消費行動がものすごく変わります。みんな損をするのが怖くなるのです。その結果、投資もしなくなります。

武者　株も同じかもしれません。中国では本土株はそこまで下がってないけれども、香港株は２０１８年の高値から比べると、半値以下にまで下がっています。完全に崩壊したと言ってもいいでしょう。

エミン　バブルにやられてトラウマになっているので、思考をそう簡単に切り替えることができないのです。もう一つは地政学的に、今の中国のタカ派が行っている戦狼外交みたいなことも、中国にはすごい負の経済的な効果をもたらしているでしょう。
いろいろな要素が複雑に絡んで、そう簡単には中国経済の崩壊を止めることはできません。中国の体制を考えれば、難易度は普通の国と比較になりません。加えて大きなマシナリーだからこそ、止まったあと、もう一回動かすには、相当な時間と力が必要だということは、理解しておいたほうがいいでしょう。

武者　中国は、今の困難をどうやって抜け出すかという点で、24年の三中全会でははっきりとは出てこなかったけれど、その後に新質生産力、新しいテクノロジーと言い始めました。いわゆるグリーンエネルギーです。「EVとか、風力とか、太陽光とか、そういう新しいさらに進んだハイテクなグリーンエネルギーで、シェアを獲得して世界のリーダーになる」と。それで手詰まりの経済を、何とか突破するという戦略です。
しかし、すでに中国は、EVやバッテリーで世界のシェアを5割、6割、7割と持っていて、他の国に対してどんどん威圧的に侵略的輸出をしています。前にも述べましたように、新興国は自分の国で産業を育成したいと思っているわけです。中国は、そこに直接ぶつかってくるのだから、ますます摩擦を高めます。本来であれば、共存共栄できるはずの国際的な中国のプレゼンスが、ますます困難になっています。唯一中国の輸出を歓迎しているのは、先進国から経済制裁を受けて自動車など高度の製造業製品が手に入らないロシアだけです。

エミン　結局、今の困難を抜け出そうとして、グローバルのプレゼンスを高めようとすると、ますます中国が孤立せざるを得ない。政治的、地政学的な意味でもデッドロックに入っているのです。

中国が沈むと、日本株は上昇する

武者　バブルが崩壊して、中国が不景気になれば、日本株には有利という意見が最近よく聞かれますが、イエスアンドノー（賛否両論）な部分もあります。中国と商売をしている企業は、中国の売り上げが落ちると困る。

ただ長い目で見ると日本全体にとっては極めて有利です。かつて日本が沈んで、日本の代わりに供給力をどこが高めたかというと中国です。日本と中国はシーソーみたいな関係で、日本が沈んで、中国が浮かびました。今度は中国で蓄積された供給力を、また少し日本に移したいということで、日本への半導体投資が起こっているのです。そういう意味では、中国が沈めば、相対的に日本が有利になりますね。

エミン　日本を沈めたのは、アメリカの日本叩きの影響が大きかったわけです。

武者　アメリカは日本を沈ませたのはいいけれど、中国がその代わりに極端に大きくなってしまった。日本よりも、もっと厄介なところにアメリカは供給依存せざるを得なくなったのです。

この中国依存を減らそうとすると、今度はまた日本のプレゼンスを高めないといけません。そういう意味で、中国の失速は、日本に有利に働くという側面は、非常に大きいと思います。

エミン　株の観点でいうと、中国株はポリティカルリスクが極めて高い。単純に中国とアメリカの政治的な対立、覇権争いもあるし、また中国国内での覇権争いもあります。アリババに起こったように、大きくなりすぎた企業、資本家になった人の財産を中国共産党が乗っ取ろうとするわけです。これではまともな資本家が育ちません。そのような状況が中国株のリスクを高めているのです。

そうなると当然ながら、中国市場からお金が出ていく。そのお金は最初どこに行くかというと、やはりアメリカ株になる。アメリカ株がここまで強い理由の一つです。しかし、今度はアメリカ株がバカみたいに高くなって、日本にお金が来ています。ウォーレン・バフェットさんはその象徴例ですが、キャッシュをたくさん持っている投資家がアメリカに美味しい案件がなくなったので日本株を買っているのです。

だから、本来ならば中国に配分されるべきお金がアメリカへかなりの額、行っています。しかしながらアメリカ株が高いので、一部の資金は日本株に流れているのは事実です。この現象はこれからも起き続けるでしょう。まだまだ、途中です。

武者　むしろ、日本はもっと大きいスーパーバブルサイクル（長期資産価格循環）の絶好のスポットに差し掛かっていると見られます。「どこの国も何十年という単位で大きな資産価格の波があって、それによって実体経済も影響を受ける」という仮説があります。

そのスーパーバブルサイクルで見ると、日本は大きな落ち込みをして、底入れをして、ちょうど回復し始めたところです。そういう意味で、まだまだリスクプレミアム（高リスク投資に際して投資家が求める上乗せ余剰）は高いし、人々がリスクに対して警戒的ということは、まだまだアップサイド（上振れの可能性）があります。ただ、中国はスーパーバブルサイクルの天井を過ぎて、これからどんどん下がる。

対してアメリカは中国まではいかないけども、このまま行くと、どんどんバブルになりそうだという、資産価格上昇の7合目くらいの地点にまで来ています。短期的には妙味がありそうに見えるけれど、非常に価格が上がり、リスクプレミアムが下がって、投資リスクが高まっている。グローバルなスーパーバブルサイクルという資産価格サイクルで見ると、日本は非常に魅力的なポジションにあるのです。

特に「中国株を売ってどこの国の株を買うかと言えば、アメリカ株ではなくて日本株」ということが世界の投資家のコンセンサスになる可能性は高いでしょう。

エミン　さらにアメリカ株のバブルが崩壊したら、もっと日本株に来るかもしれません。「アメリカ株のバブルはいずれ崩壊する。そのとき、日本株は大変なことになる」と言われているけれども、そうではありません。

結局、今、時価総額ベースで世界株の6割がアメリカ株になってしまった。それは歴史的におかしい。世界のGDPの6割がアメリカではないので、適正な水準まで下がり、資本の再配分が起きてもおかしくない。それがもし起きたら、私は日本株に追い風になると思っています。

武者　1990年の日本株のピークのとき、MSCI（モルガン・スタンレー・キャピタル・インターナショナル）のアグロインデックスで日本のシェアは43％くらいありました。ボトムではその1割以下の4％まで落ち、まだほとんど回復していない状況です。

一方、当時は3割程度しかなかったアメリカ株が、今は6割になってしまったのです。ものすごく大きなスーパーバブルサイクルというそれぞれの国の固有の資産価格の波があって、それに対して波乗りをするという考え方が世界の投資においては大切です。

エミン　いずれにしても、アメリカ株がこれから上がり続けたら続けたで、日本株は連れ高になるし、アメリカのバブルが本格的に崩壊し、一時的に日本株が下がったとしても、世界株のリアロケーション、再配分が起きれば、今度は日本の割合は確実に増えていきます。アメリカ株のバブル崩壊はむしろ追い風となって、日本株はどんどん買われていく可能性があるのです。

第2章

日本株の可能性がこれから大きく花開く

コロナ以降のアメリカ経済は資産価格の上昇が支えている

エミン　現段階では「アメリカ株のバブル崩壊を懸念している投資家が、日本株を買っている」というわけではありません。アメリカ株のバブル崩壊を警戒している人はいるとは思いますが、まだアメリカ株は上がっています。多くの人たちが買っているわけです。現在日本株が上がっているのは、結局、お金の行き場がないということです。

中国から抜けたお金はアメリカ、ヨーロッパ、日本、プラスアルファで新興国と考えた場合、新興国の中ではインドに行っています。インド株は最近、調子がいまいちですが、昨年はずっと最高値を更新していました。しかし、経済規模的にはそんなに大きくありません。

武者　コロナ以降は金融緩和でお金が生まれたというより、資産価格が膨張したことが経済に大きな影響を与えています。たとえば、アメリカのS&P500指数は2009年のリーマン・ショックのボトムから9倍になっています。同時にアメリカの住宅価格も上がっています。

つまり、かつてのように金融緩和によって信用が拡大し、銀行貸付が増えて、それで需要がつくられるという時代ではなくなったのです。確かに金融緩和もあったけれども、実際に最も大きな需要創造の推進力になったのは資産価格です。

アメリカでは、給料はあまり増えないけれども、資産価格が増えたことにより、人々はいわば資産所得、配当や値上がり益によって、消費をしているわけです。資産価格が消費を支えているのです。

その構造が不健全なのかどうか、持続性があるのかないのか、今の時点でそのような判断は尚早《しょうそう》だと思います。ただ、現在のアメリカは、そういう仕組みのもとで、資産価格に非常に依存した経済の運営になっています。その現象がどんどんオーバーバリエーション（過大評価）になって、バブル化していくという経済的リスクがあります。

今、アメリカは住宅も株も、相当割高のところに入り込もうとしている場面なので、それがあと何年続くかわかりませんが、どこかで大きな波が来る可能性はあります。

エミン　バブルが崩壊する代わりにインフレになってしまったのです。モノの価格が上昇したのです。ニュースで見ましたが、アメリカのウォールストリートの平均給与が７００

0万円とのことです。日本の物価水準で3000万円くらいかな。

武者　3000万円もあるかどうかですよね。

エミン　金融緩和のもう一つの弊害は資産インフレを先に起こして、不動産価格などが上がると、今度は若い世代が一生家を買えないレベルまでなってしまったことです。一生家を買えないと悟ったときに、何が起きるかというと、まず家族をつくるのを諦めます。実際に、それは起きています。コロナ後、世界的に人口の伸びは減少したし、アメリカでも童貞の数が増えたりしています。

武者　なるほど。

エミン　家族をつくることを諦めると、次は投資ブームが起こります。家族を諦めた若い人は余剰資金があるので、お金のことを気にしないで投資します。あとは小さな消費を増やしています。いわゆる「プチ贅沢」です。サービス業における外食だったり、旅行だったりを増やしているけれども、その状況は社会にとってはあまりよくありません。

武者　アメリカだけではなく、世界全体が直面している問題は、技術がどんどん発展して人手が不要になっていることです。特にＡＩが発展すれば、工場だとかオフィスにほとんど人が要らなくなります。全部ロボットがやる。猛烈な生産性上昇とともに、雇用機会の喪失が起きるわけです。

技術の発展は、今まで現場にいた労働者の首切りに繋がるわけです。それに反抗するという意味で、１８１１年から１８１７年頃のイギリスではラッダイト運動という、機械の打ち壊し運動が起きました。反動的だと多くの経済学者は言っていたけれど、事実、反動的であるにしても、技術革新により直接被害を受けるのは、やっぱり今まで雇用されていた労働者なわけですよ。

既存の職場から雇用が失われる。そうすれば、新たな雇用創造のプログラムが必要になってくる。その雇用をどうつくるかというプログラムを、現在の資本主義的な仕組みでやるのか、それともちょっと社会主義的なカマラ・ハリスさん（元アメリカ副大統領）が主張していたように、政府がバラ撒きをして、新たな雇用を生み出すのか。

現代は、資本主義という経済の在り方そのものが、いろいろな形で問われる場面に来ています。その幕間つなぎとして、給料で労働者に報いることはできないけれども、株が上がり、とりあえずは企業の富が社会に還流して経済が今のところ回っているということです。それがどこまで持続性があるかというと、株がバブルになり、弾けたら終わりです。

そういう意味でアメリカ経済も、長期的に見れば、大きな転換期にあると言えるかもしれません。

インフレの理由は供給ショック、円安、お金の刷りすぎ

エミン　日本も新築マンション価格が、地方でも1億円を超えるところが出てきて、一般的な労働者が買える水準ではなくなりました。

武者　今のインフレで注意深く見なくてはいけないのは、２０２１年から起こったインフレは基本的にはサプライショックだったということです。つまりコロナ禍で、サプライチェーンが寸断されたことと、ロシアのウクライナ侵攻でエネルギー価格が上がったことが原因でした。いずれもサプライサイドの制約によって価格が上昇したのです。

ただ、サプライサイドの値段が上がって、インフレになれば、続いて生活防衛のために賃金も上がります。海外が原因のサプライショックが、国内の賃金上昇に結びつくわけです。それが今、アメリカで起こっているのです。

エミン　インフレも、時代によって様相が変わっていきますね。

武者　これから先、アメリカの賃金インフレが、本当に定着するかどうかはまだわかりません。先ほど述べたように多くの企業ではこれからどんどん人を必要としなくなります。人手を必要とするのは労働集約的なウェイター、ウェイトレスとか、あるいはレジャー、エンタテインメントとか、そういう企業です。しかしながら、それらの人々の賃金水準は低い。

　だから、雇用は増えても、中間層といえる雇用かというと、必ずしもそうではありません。先進国に共通しているのは、伝統的な製造業を軸とした中間層がなくなっているということです。それを別の形で再構築ができるかどうかというと、非常に難しいテーマです。

エミン　結局、インフレはマネタリー現象なので、お金を刷りすぎてしまったという理由もあります。刷りすぎて、バラまいて、それが原因で2・1兆ドルぐらいアメリカ人に貯蓄ができてしまったのです。

　それを2年間使い続けて、去年やっとマイナスになりました。お金を刷れば刷るほど、総需要が増えてみんながお金を持ってしまうわけです。それにプラスアルファ、サプライチェーンの問題が加わった。ただ、サプライチェーンの話は、もう終わっていると思いますが。

武者　今、エネルギーは供給過剰で、半導体にしても現時点では供給不足は起きていません。

エミン　それと中国とデカップリング（分断）するほど、インフレになりやすい。中国から安いものが来なくなるので価格が上昇します。

武者　アメリカは中国のソーラーパネルやＥＶに関税を１００％掛けています。

エミン　今後はＥＵも掛けると言っています。ということは、中国がどんなに安くつくっても、欧米人、先進国は安く電気自動車を買えるわけではないということです。つまり、今までのように、なんでも安いバージョンが中国から来る世の中ではなくなる。結局、アパレルも中国製がすごく勢いがあるけれども、最終的にはそのような安価な服は来なくなるか、もしくは価格が高くなると思っています。

アメリカはお金を刷ることにより経済崩壊を乗り越えようとし続ける

エミン　もしも台湾有事が起きたら、世界的にハイパーインフレが起きて一発で終わりでしょう。いったん、中国からの輸入が完全に停止するので、とんでもないインフレが起こります。そしてそれが景気の崩壊につながるわけです。そうしたら、アメリカはまたお金を刷るのではないでしょうか。多少のショックとか崩壊があったとしても、結局お金を刷ってそれを乗り越えようとする。

武者　１９２０年代、テクノロジーが原因でバブルが崩壊しました。当時は失業率が25％まで高まりました。恐らく今起こっているテクノロジーの進化は、１００年前と同じかそれ以上のマグニチュードの変化です。

進化を放置しておくと、技術だけが発展し、人がどんどん省力化されます。人が要らなくなります。現在、それが回避されている大きな理由は、高圧経済（国内の需要が供給を上回り、投資等などが活発化して、さらに需要圧力が高まる傾向にある経済）を政府がつくっているからです。

つまり、財政と金融をかなり需要超過気味に営むことで、本来だったら職場を追われた人々が働けるような超過的需要を、財政と金融でつくることで完全雇用が維持されているわけです。

エミン　その結果起こった一つの大きな問題は財政赤字がどんどん増えていることです。

武者　少し前までの財政赤字の役割は、完全雇用を維持するために必要と考えられてきました。2015年ごろまでは失業率と財政赤字は完全に連動していました。ところが、2017年の第一次トランプ政権以降、失業率は大きく下がって完全雇用になっても、財政赤字はまったく減らなくなったのです。

コロナ禍があり、財政出動を行い、それが終わったら、今度はインフレ抑制法と言いながら、また大幅な財政出動をバイデン政権がやった。

エミン　結局、現在のところ、アメリカでは、財政赤字のGDPに対する比率は5%程度が定着しています。

武者　財政赤字がゼロだった時代も、クリントン政権のときにあったわけですが、完全雇用なのに財政赤字となると、今までとはまったく異なるフレームワークになってきます。

あえて政策の立場から言えば、そういう高圧経済が維持されることで国内の分断が回避されているわけです。仮にそうでなければ、本当に内乱というか、シビルウォーが起きかねない左右対立の環境がありながら、現実がそうなってないのは、かろうじて高圧経済が支えているという面があるのです。

エミン　大統領選でそれが明らかになりました。大統領選挙は、ハリスの主張する、より社会主義的なことをやって貧富の差を是正しようという方向に傾くか、トランプが減税をやって金持ち万歳みたいな世界になるのかという分岐点でした。結局、トランプが勝ちました。

この結果から、アメリカは行きつくところまで行く、つまり、お金を刷ることをやめないのではないかと、私は思います。

日本企業のコーポレート・ガバナンスの本格的な改善が始まった

エミン　話を整理すると、日本株はバブル崩壊以降、30年間も成長しませんでした。しかしながら現在は上昇のはじまりの入口です。

中国のバブル崩壊は確定的です。アメリカ株は今後どうなるかわかりませんが、トランプ政権になってさらに上昇すれば日本株も連れ高になります。逆にアメリカ株のバブルが崩壊しても、日本株にお金が流れてきます。どちらにしても、「日本株は有利になる」と考えています。

武者　そう、日本株は過去30年間成長しませんでした。30年間で他国の株価が10倍になったにもかかわらず、日本株はマイナスだったわけです。ある意味、将来の成長のポテンシャリティをずっと貯め込んでいるのが日本の特徴です。

エミン　そうですね。あとは、外国人が日本株をなぜ買っているのかということも考えなければいけません。これには大きいスキームでのお金の動きが原因ではなく、2015年から始まった日本のコーポレート・ガバナンスの改善が背景にある、と思います。

昔に比べると、日本の上場企業の経営からかなり不透明感が消えました。アメリカレベルにはなっていないけれども、劇的な改善はしています。

以前は、社外取締役はほとんどいませんでしたが、現在は上場企業の9割近くに社外取締役がいます。その結果、監査がしっかりするようになりました。持ち合い解消も進み、2024年からはさらに、株価上昇を東証が主導しています。2015年から2023年までの8年間は日本株上昇のファーストステージだと言っていいでしょう。

武者　2014年に金融庁のスチュワードシップ・コードで、機関投資家の責務を明示しました。2015年に、東証などがコーポレートガバナンス・コードを策定し、社外取締役の活動などを推進し、2022年には、東証の市場再編が行われ、プライム市場では、時価総額などの基準を導入しました。東証の再編が終わって、2023年にはPBR（Price

Book-value Ratio＝株価純資産倍率）が1倍割れで低迷する上場企業に対して「資本コストや株価を意識した経営」を促す異例の要請を行いました。つまり、東証がPBR1倍割れの企業に対して、より企業価値を高めるようにプレッシャーをかけたのです。

エミン　そのためPBR1倍割れだった企業の株価がかなり是正されています。

もう一つ、日本企業はROE（Return On Equity＝自己資本当期純利益率）を高めようとしています。日本株のROEはまだ8％台、これを2桁台に持っていこうとしています。資本コストが高いので今は下げようとしています。日本企業の改革は、まだ2合目くらいだと言えます。

武者　日本株が上がるのに必要な燃料は日本経済にあります。アメリカの場合は企業利益の8割程度、多い年は100％を、配当と自社株買いで株主にペイアウト（株主への還元）しています。

その理由は株主還元がないと投資対象としては魅力がないからです。「経営者は株主に対してきちんと責任を負っていますか」という問いに対し、おそらく10年前の日本人の常識では「株主や株価は関係ありません」が答えだったでしょう。当時は売り上げを増やして、従業員を雇い、シェアを高めたら株価はおのずから後からついてくる、という考え方でした。株をゴールとした経営は望ましくないという意識でした。

エミン 目先の株価ではなく、もっと崇高なものが企業の存在意義みたいな感じでしたね。

武者 その考えで、実際に企業が大きな価値を創造していたかというと、そうでもなかった。結局、株主は金銭的なリターンを求めて株主になっていますので、それに応えられなかったら責任を果たしてないというアングロサクソン流の常識が、ようやく日本に根づいたということです。

10年前だったらたとえばＫＫＲ（コールバーグ・クラビス・ロバーツ）のようなハゲタカファンドが日本企業を買収しようとすると、金融庁とか東証は、「日本の敵だ！」みたいな雰囲気になり、日本経済新聞などさまざまなメディアや専門家たちが反対していました。

ところが現在は、グローバルな資本による日本企業へのテイクオーバー（買収）が、当然のことになっています。たとえば、セブン＆アイ・ホールディングスはＭ＆Ａチャレンジされていますが、それは普通のことという意識になっています。

この変化はすごく大きい。恐らく日本の企業も他の企業に買収されないために、アメリカ並みにどんどんペイアウトが高まっていくはずです。そうするとＲＯＥ指標も上昇して、そしてPBRも改善していきます。

エミン　日本企業や日本株には改善の余地も、株価上昇のための燃料もまだまだたくさん残っています。プラス長期的なインフレがこれに乗ってくると考えると、日本の資産価格、リスク資産の価格は今後20年か30年は大きな上昇傾向を続けるのではないかと思います。

外国の機関投資家が日本株を買うには、なんらかのファンダメンタルな要因も必要です。単純に中国が悪いから資金シフトさせるというのは、投資家に対して十分な説明にはなりません。要は、日本企業は「こうこう、こうなっています」ともっときちんと説明しなければならない。「業績がこのように改善して、このように流動性が増えて、このようにROEが増えて配当が増える」というように投資家に対して企業はフィデューシャル・レスポンシビリティ（説明責任）がある。現在は、それがきちんと行われるようになった。そういう意味で日本株や日本市場はこの10年間で明らかに変化しました。

武者　まだ日本企業のペイアウトは4割なので、増加していく余地はあります。地政学的に日本に大きな半導体の投資ブームが起こっているように、世界のさまざまな需要が、安い日本に集中しています。日本が数量的な経済成長が実現できる環境にあることは、確かでしょう。

日本は大きなスーパーバブルサイクルだとか、あるいは資産価格のバリュエーション（価値を評価するプロセス）とか、あるいは地政学的な環境、あるいは企業のコーポレート・ガバナンス、戦略、さまざまな要素から見て、投資家を引きつける条件が急速に揃い始めているのです。

エミン　まだ世界の投資家は、日本の潜在能力に十分には気づいてはいないでしょう。

武者　世界を見回すと、圧倒的に日本は有利です。たとえば、不動産でキャップレート（還元利回り）というのがあります。日本はキャップレートが高いのだけれども、金利が低いので、金利とのスプレッド（差額）だと圧倒的に高いわけです。

それは株式にも言えて、世界の投資家から見て、資本のコストとリターンの兼ね合いにおいて、日本株がデータ的に魅力的というのは誰もがわかる。ウォーレン・バフェットも、そのデータに注目をして日本株を買ったわけです。円建ての安い金利で債券発行をして日本株を買ったわけですからね。そのような利ザヤの大きさに着目した投資は、これから世界の投資家の大きな趨勢になっていくんじゃないですかね。

日本の株式市場は世界水準に急速に向かっている

エミン　日本製鉄がＵＳスチールを買おうとしました。ＵＳスチールは、もともとアメリカの20世紀を代表する銘柄の一つなので、アメリカは嫌がっています。日本製鉄は買収を妨害したバイデン大統領を訴えました。

資本主義経済の中で日本企業が外国の企業を買うことも、逆に外国の企業が日本の企業を買うこともあります。それは、日本企業に対して、自分たちが企業価値を高めないと外資に買われてしまうというプレッシャーにもなります。外国人のボスが来て、ああだこうだと言われて、人がどんどん解雇になったりする可能性があるのです。株価が安いと外資に買われてしまうと考えるようになれば、これまで株価に関して無関心だった経営者のお尻にも火がつくでしょう。

武者　日本企業で現在成長している企業は、ほとんどがアメリカの企業を買収しています。日立、ブリヂストン、住友林業、リクルート、ダイキンなどです。みんなグローバル企業になって強くなっています。

同じロジックで外資が日本にチャレンジしてきたとき、ノーとは言えません。実際、セブン&アイ・ホールディングスのケースでも、ノーとは言っていません。

日本が世界の資本主義の一員に、ようやくなり始めたということでしょう。それらのことにより、ジャパンディスカウントがだんだん消えていくことが期待できます。

エミン　昔の日本はM&Aというと、すぐに感情的になって交渉にもならなかった。規制も多く、外資は、規制当局を敵に回してまで、日本の企業を買う価値があるかどうか、考えていました。資本市場そのものは自由なので、「同意を得ずに敵対的買収をやりました」は可能ですが、買収後も日本で商売を続けなければなりません。だから日本政府とか規制当局まで敵に回したら、結局はペイしないという考えだったかもしれません。

しかし、今は少なくともそのリスクを外資は感じてはいません。日本の規制当局はよりオープンになって、市場は開放されたと外資は理解しています。今後は、海外からの企業買収はもっと増えるでしょう。

武者　外資に買収されたくなかったら、経営者は企業価値を高めて時価総額を上げるしか方法はありません。

エミン　売上はセブン&アイ・ホールディングスのほうが大きいのに、アリマンタシォン・クシュタールの時価総額はセブン&アイ・ホールディングスの2倍あります。結局、利益率、経営効率の問題なので、経営効率を上げて自社株買いをして、配当性向を高めて、株価を上げていれば、買収の対象にはならなかったはずです。

日本企業の中でキャッシュがあり余って内部留保をして、何も株主還元をしていない企業を外資はどんどん買いに来ます。投資も配当も自社株買いもしなかったので、脂の乗ったマグロみたいになっているわけですから。

武者　アメリカで言えば、今から37年前（１９８８年）、ＫＫＲによるＲＪＲナビスコ買収がありました。２０２４年の10月から日本経済新聞『私の履歴書』でヘンリー・クラビス（ＫＫＲ共同創業者兼会長）の連載が始まりました。このM&Aは、１９８９年出版の書籍『BARBARIANS AT THE GATE』（バーバリアンズ・アト・ザ・ゲイト』が大ベストセラーとなり、映画化され（邦題：企業買収／２５０億ドルの賭け）、ＫＫＲによるＲＪＲナビスコ買収のドキュメンタリー作品・１９９３年）、大きな話題になりました。野蛮人が会社を乗っ取りに来るという話でした。

エミン　バイキング（海賊）みたいな感じの。

武者　アメリカですら当時は、彼らはバーバリアン（野蛮人）とまで言われてきた異邦人だったのです。今では評価の高い普通のシチズンになったわけですが。日本経済新聞がそのクラビスさんの自伝を24年に報道しているというのは、すごく大きな意味があります。

つまりこれが資本主義だという常識が大きく変わってきたのです。30年前は、資本主義がアメリカにおいても完全に昔のバーバリアンキャピタリズム（野蛮人による資本主義）と言われていたものが、マーケットキャピタリズム（市場による資本主義）に大きく変わった時期なのです。

日本は今、そういう方向に変わろうとしています。この流れで見ると、その後にアメリカの資本主義はすごく発展しましたから、新しい金融的な手法によって日本が一段飛躍できるという重要な場面にあると考えられるわけです。

岸田文雄元総理の新しい資本主義という大きな政策のフレームワークとか、あるいはもともと安倍（晋三）さんが始めたコーポレート・ガバナンス改革の出口はここにあったのかと、今は考えています。個々の企業の経営改革が、市場全体では、これほど大きな資本主義経済の潜在力をつくり出すものなのか、という未来が見えてくると思うのです。

エミン　私もそう思います。2年くらい前の会社四季報に「87年に上場した会社が、上場して以来初めて株主に対して会社説明会をした」という記事がありました。これは逆に言えば、今まで何もしていなかったということです。この会社は、上場することの意味自体を理解してなかったわけです。株主からお金を預かるのはどういう意味かということを、経営者がまったくわかっていなかった。

私は若い経営者とも会って話したりしますが、やっぱり株式のことをよくわかっていません。オーナー企業のトップでさえ、「株価はあなたの資産に直結しますよ」と話してもわからないくらい。だからサラリーマン社長では、もっと理解していません。とにかく日本の経営者が株価に対しては非常に鈍感な時代が長く続きました。

武者　しかし、もう変わらざるを得ない。ある意味、クシュタールのような、『BARBARIANS AT THE GATE』は、黒船です。今、黒船が日本に来ているとも言えます。

エミン　半導体のサプライチェーンを日本に持ってきて、円安放置にも文句言いませんと。その代わり、「金融を解放しろ」と言っているのかもしれない。すごく重要なのは、今は日本に実際に直接投資が来ていること。私は非常にいい流れだと思っています。

投資家にとっても、すごく良いＷｉｎ－Ｗｉｎな状況になってきています。かつ、今まで金融はガラパゴス化されていましたが、それが開放されてより流動性が増え、株主が重要視される流れが来ています。その流れはまだ第2ステージに入ったばかりで、2合目くらいです。これからもっと変わっていきます。企業は余ったキャッシュの活用方法が問われます。日本人の投資行動が変わってきているのもプラスして、金融はどんどん良い方向に変化しています。

時代に合わせて、政治がつくられていく

エミン　先日、不動産のクラウドファンディングをやっている会社の社長と対談しました。1万円から投資できる不動産ファンディングがすごい勢いで伸びているそうです。これも、ある意味で投資の民主化です。株だけではなく、あらゆる分野で投資の民主化を可能にしているのが、デジタル化、いわゆるフィンテックです。日本には非常にアナログな部分が多いので、これから本格的にデジタル化することによって、株だけではなく、あらゆる投資がしやすくなっていくと思います。それによって、日本の資産に個人や海外からお金が来やすくなるでしょう。

日本はこれから本格的な少子高齢化が進むなどの、いろいろな問題を抱えていますが、海外資本が日本に来ることでその多くが解決できるかもしれません。海外資本だけではなく、技術や高度人材も来るでしょう。さまざまなことがデジタル化によって前にグングン進んでいくと思います。

武者　秋田県、男鹿半島の風力発電は好例ですね。

エミン　風力発電はオランダが強くて日本に投資しています。世界中が日本に投資し、日本はこれから面白い時代になっていくでしょう。この30年間、中国に向かっていた流れがどんどん日本に戻ってきています。武者さんがおっしゃっていたシーソーゲームが始まっているのです。

武者　30年間、日本が沈んで中国が上がった。そして、これから日本が上がり始める。今がその途中ですね。1ドル110円では起きなかった変化が、140円とか150円になって劇的に起こっています。

日本は平均だと、中国人よりもはるかに給料は高い。今までは日本でモノをつくっても採算が合うのは難しかった。TSMCに政府が1兆2千億円もお金を出すのも、結局はサポートしないと、日本に来てくれないということです。日本には技術がないので、日本に半導体を移植しようとしたら、国がサポートする以外に手がないわけです。1ドル100円のとき、日本政府と銀行はエルピーダメモリを結局破綻させています。あのとき仮に1ドル150円だったらとか、あのときに政府が2千億円ぐらいエルピーダを救うためにお金を出していたら、おそらく日本の半導体産業は、いまだにメジャープレイヤーとして生き残れたはずです。

だから、ここ十数年の政府の政策の至らなさと、円高と、それから中国のものすごいモメンタム（勢い）によって、日本はいったんダメになったけれど、再び日本を取り戻すという動きが今、起ころうとしているわけです。そのイニシアチブを誰が取ったのかというと、日本ではなくてアメリカでしょう。

エミン　米中対立によって、日本に白羽の矢が立ったわけです。

武者　中国でもうすでに確立しているハイテクとか、グリーンエネルギーのエコシステムを安全なところにもう一度つくり直さなければいけないということ。それが日本だったわけです。

地政学的な観点からすると、そこにゴールがある以上、それを実現するためのセットアップは何が必要かと考えます。政策的なサポート、金融、あるいは為替、企業戦略の誘導、日本における市場育成など、いろいろなセットアップをつくったりします。その方向で今アメリカを中心に、ライクマインデッドカントリー（考えを同じにする国）が動いているということです。

エミン　今の米中対立からすると、失敗が許されないアジェンダですね。

武者　たとえば半導体メーカーのラピダスに5兆円投資する。失敗が許されないということは、やった以上はお金を出し続けざるを得ない。産業政策に政府が深く介入し、そしてそれによって国際分業のあり方が変わろうとしているのが、今起こっている世界の潮流です。

エミン　うまくいくでしょうか。

武者　本当にうまくいくのかどうかは非常に悩ましいところで、日本がよくなるとしても、日本を大きく引っ張っていけるリーダー企業があるのかどうかという疑問はあります。「半導体で日本は復活できる」と言っているけれども、しょせん一部の部品とか材料でしかないだろうという反論に対して、私も十分に答える材料がありません。

結局、グローバルなサプライチェーンを劇的に変えるという問題設定があって、民間の力でそれが変わらない以上、経済安全保障の必要性から政治の力によって変えられていくでしょう。

エミン　将来なんて100％誰にもわかりません。ただ私たちにできるのは世の中がどういうふうに変わって、どこに行って、どういうような思惑があって動いているのかを、読み解き、そこからプロジェクション（予測）を設定すること。

日本にいい流れが来ているのは間違いない。ただ、100％このままうまくいくかどうかというのは、もちろん保証はないし、かつ、たとえば戦争が起きたりすると、またシナリオが変わります。

武者　大きいヘマをしなければ、良い方向にいくと思います。それにもともと、日本の政治そのものに世界は期待していませんからね。

エミン　時代に合わせて、政治がつくられていく。政治が時代をつくっているのではありません。

武者　「時代が政治をつくる」。いい言葉ですね。

現在、為替の水準訂正が起こっている

エミン　石破（茂）総理の就任直後、金融課税の引き上げに触れたら株価は暴落しました。石破総理の意向はどうであれ、マーケットは金融課税などを許してはいないわけです。マーケットは強烈なレッドサインを出しました。

武者　植田和男日銀総裁も同じです。金利正常化と言って、前のめりで「利上げをする」とコメントしたら株が暴落しました。市場の合理性によって政策がスクリーニング（ふるい）に掛けられて、それに合う形で修正される。こんなことはかつてなかった。面白い動きです。

エミン　少なくとも政治家は、市場にはかなり耳を傾けているし、反応がすぐに出ます。支持率などは動くのに時間がかかりますが、市場はすぐに反応します。ただ、経済政策の難しいところは、微妙なバランスを保たなければならないということです。

私は2023年からずっと、早めに利上げに動くべきと発言しています。そう考えたの

は通貨が秩序なく暴落することを恐れたからです。通貨の暴落は出身国のトルコで見たことがあって、極端な通貨安は国内消費を殺してしまうのです。ある程度の円安はもちろん大歓迎ですが……。

武者　150円台後半からは為替は著しい波乱になりました。

エミン　日銀はその段階で介入せざるを得なかった。非常にデリケートなバランスが必要です。一線を超えて通貨安を進めてしまうと、トルコほどにはならないだろうけれども、国民が大変な思いをします。そのような状況になりかねないので難しいわけです。日銀は2024年8月に利上げをしようとしたら株価の大暴落が起こり、それがトラウマになりました。そして、25年1月にやっと0・5%に利上げをしました。

武者　ドル円レートは大きな水準訂正をしました。100円から110円ぐらいのレベルから、150円か、140円か、160円か、その水準訂正の落ち着きどころを探っている過程です。いろいろなスペキュレーター（投機筋）が瀬踏み（物事を始める前に試してみること）をするためにジャブを打って、様子を見ています。現在はそういう局面です。

エミン　確かに今、円安というよりも、円の水準訂正が始まっています。

武者　ただ、日本はトルコと違って、ものすごく巨額の対外債権を持っています。政府も

1兆2千億ドルものアメリカ国債を持っています。だから円安になれば、莫大なゲイン（利益）が得られる。そういう現実をもっとはっきり見せれば、投機筋に翻弄されることはないのです。

財務省は、財政赤字だとマイナスのところだけディスクローズ（発表）して、増税や歳出削減という方向に誘導しようとしています。日本の全体像をきちんと人々に伝えてないわけです。

エミン　それはあるかもしれませんね。

武者　日本は世界最大の対外資純産保有国です。通貨が弱くなり、とてつもなく大きな為替益を獲得することによって、例えば100兆円とか、その規模のキャッシュがすぐに得られる国です。これは何かというと、実はデフレの過程で日本人が貯め込んでいった貯蓄なのです。

エミン　そうですよね。

武者　今まで成長できなかった、そして投資成果がなかった。しかし、そういう形で海外資産として、ものすごく貯蓄があるわけです。

エミン　この貯蓄は日本のこれからの大きな再生の原資です。

武者　先日の為替介入だけで、GDP2%の防衛予算はすぐに実現できるわけです。実は財務省はものすごく大きなサイドポケット（別口座）を持っているのです。

トランプが石油ショックを仕掛ける⁉

エミン　日本に一番大きい影響があるのは、アメリカです。今は中東が混乱していますが、中東はあまり関係ありません。

武者　地政学でいえば、中国とアメリカですね。

エミン　現在は中東に地政学リスクがあるにもかかわらず、原油価格はほとんど上がっていません。むしろ下がっています。供給が増えているのか、それとも目先の需要がないのか。

武者　中国が弱いのと、あとはアメリカが最大の産油国だからです。アメリカにおいては戦後初めて生産が需要を上回りました。そういう意味で、今まではOPECとか、あるいはロシアに価格決定権があったのが、アメリカにシフトしたという要素があります。

再生可能エネルギーへのシフトがうまくいかないアメリカは、再び化石燃料を軸として、もう一度エネルギーを使って世界への覇権を強化したいという意志があると思います。トランプは下手すると、逆オイルショックをやろうとしている可能性があります。アメリカがエネルギー覇権を持っているので、エネルギー価格を下げることで、ロシアを絞め上げる。

エミン　それをやることで一気に進もうとしていた、脱カーボンの動きに歯止めをかけるのかもしれませんね。

武者　そして、脱カーボンにシフトした中国の新しい産業競争力に対して、待ったをかけるとか。そういう意味で「エネルギー価格は、スーパーサイクル（相場の周期的変動や景気循環のうち、数十年の周期で起こるもの）で上昇する過程に入った」と言っていた人もいたけれども、結局グリーン化にブレーキがかかって、再び化石燃料の開発投資をやらざるを得ない局面になっています。少し前のロングタームのシナリオから、変わってきた可能性はあるでしょう。

エミン　可能性がありますね。結局、グリーンエネルギーで使っているような、オルタナティブ（代替）エネルギーにしても、半導体をつくるのに使っている素材に近い。今はどちらかというとその素材はＡＩとか半導体に使いたいわけです。

しかし今後、データセンターなどが増えると、これにもエネルギーが必要になる。その分、やっぱり化石燃料に頼らざるを得ないし、かつ世界的には原発をもう一回復活させたい。
その二つがこれからの流れになるでしょう。

武者　脱カーボンに関しては、中国があまりにもリードしてしまいました。

エミン　中国に脱カーボンを支配されるのは、アメリカとしては望ましい状況ではありません。脱カーボンをリードし、最初に脱カーボンへと誘導したのはアメリカです。主導権を自分たちが取れると思ったけれど、ふたを開けたら、電気自動車などで中国はより優れた製品をつくってしまった。

アメリカは日本とドイツの自動車覇権に危機感を持って、事態を変えようとして電気自動車に力を入れたら、それが裏目に出てしまった。それが事実です。現状の脱カーボンは欧米としては望ましい展開ではないので、アメリカは必ずストップさせてくると思います。

第3章 トランプ圧勝とアメリカの現実

トランプ当選はアメリカにとって幸せなのか?

エミン　2024年の大統領選はケースとして特殊です。「景気がよくて30%の株高で、なおかつ低失業率という状況で、現職の大統領が負ける」というのはこれまでのアメリカの歴史において存在しません。今回は現職の大統領ではなくて副大統領が候補になりましたが、それでも圧倒的に有利なはずでした。

珍しいケースなので理由を考えると、この4年間のインフレ率、物価高が、国民生活に与えた影響だとしか考えられません。それだけアメリカ国民の生活にインフレが直撃しているということでしょう。

武者　もう一つは、明らかにトランプ陣営のほうがSNSの使い方がうまかったというのもありました。

エミン　イーロン・マスクがトランプ側に回ったことが大きいですね。X（旧Twitter）以外のFacebookとかインスタグラムは前回の選挙で大きく批判されたので、今回あまり選挙に絡まないようにしていました。

トランプは炎上商法的なやり方が非常にうまい。経済に話を持っていくとトランプにも責任があるので、アイデンティティ・ポリティクス（人種、ジェンダー、エスニシティなどアイデンティティを土台にした集団が、その集団を構成する個人のアイデンティティに関して社会的承認を求める運動）のほうに話を持っていったりしていました。

たとえば、パリオリンピックのボクシング選手をネタにしたり、もしくは民主党を止めないと、どんどん勝手にあなたの子どもが性転換させられるとか、そういう恐怖を煽ったり、プロパガンダ力は相当なものがありました。

武者　共和党のほうが訴える政策がわかりやすかったですね。

エミン　あとは反移民的なセンチメント。これも勝利の大きな理由でしょう。

武者　アメリカ経済は普通では考えられないほど、景気もよくて、失業率も完全雇用に近く、インフレとはいっても物価上昇率はだいぶ下がってきていました。そういう国内環境で与党が負けるのは、エミンさんのおっしゃる通り通常では考えられません。しかも、大統領だけではなく、上下両院で共和党が勝って、もう圧勝と言っていい勝利でした。

トランプはそもそも４つの刑事訴追で裁判中でした。大きなハンディを抱えていました。

前回、選挙に負けたことをずっと認めなくて、いまだに「盗まれた」と言っています。つまり「バイデン政権は正当な政権ではない」ということを、ずっと言い続けているわけです。

エミン　いくらトランプを支持したい人でも、「アメリカでは不当な政権が政治を簒奪《さんだつ》して、その状態が4年間も続いている」という主張にはかなり無理があると思っています。

武者　今までの秩序を覆すような言いぶりでした。だからとんでもない大統領候補だったわけです。民主党はアジェンダ（取り上げるべき議題や課題）としては経済政策だとか何などではなくて、「トランプは民主主義の敵」「アメリカは民主主義を守れるか」という論点を設定したわけです。ところが驚くべきことに、圧倒的なディスアドバンテージ（不利）があるトランプが圧勝した。その意味は一体、どういうことなのか、ということです。

エミン　今まででは考えられない潮流の変化を感じます。

武者　それをわかりやすくいえば、現在、壮大な保守革命が起ころうとしている。これは大きな歴史的現象でもあり、世界的な現象でもあるのかもしれません。しかも、非常に振り子の幅が大きい現象です。

まず、初めての黒人大統領オバマが登場して、左に振れた。その左の振り子がトランプによって大きく右にスイングしようとしている。大きなスイングの流れの中にあるのが現在ですね。

だから、短期的な経済とか、あるいは表面的に見られるトランプのさまざまな人格とか、あるいは民主主義に対するアティテュード（態度）だとか、そういったものが問題視されてはいるけれども、私は底流にもっと大きな変化が起こっている気がします。

エミン　アメリカの歴史を振り返ると、こういうことは時々ありますね。

武者　一言で言うとアンチ・エスタブリッシュメント（従来の慣習に基づく社会的・政治的・経済的な諸原則に対して異議を唱える立場）ということでしょうか。アメリカの歴史を振り返ると、もともと伝統的で貴族的な上流階級とか、いわば知識階級にノーと言う人々が時に出てきて、それが大きなうねりをつくることが起きます。1820〜30年代の第7代ジャクソン大統領や1860年代の第16代リンカーン大統領、1980年代の第40代レーガン大統領などがその例ですが、おそらく今回のトランプも、そういう存在でしょう。

そもそもトランプが最初に出てきたのは2015年で、我々も最初は無名の泡沫候補と思っていました。不動産王で、テレビのタレントみたいな。ゼレンスキーと同じです。それが、たまたま人気が出た程度の現象かと思っていたら、そうではありませんでした。第一次トランプ政権とその後の4年間で大きな内実をつけて、さまざまな見方から毀誉褒貶《きよほうへん》はあるものの、一つのヒーローみたいな存在になっています。

それは知識人には人気のないヒーローですが、国民的には、特にある層には強い支持があるヒーロー。それがSNSという新しいメディアの活用によって、より拡散しやすくなりました。大手メディアを支配しているのは、基本的にはエスタブリッシュメント、知識人なのでよけいにそういう趨勢があるのです。

エミン　トランプは今、起こっているAI革命に親和性が高い。AI革命はすべてアンチ・エスタブリッシュメントですから。

武者　既存の秩序をすべて否定して、プレイング・フィールド（競争の場）が平らになれば、能力とやる気のある人間が勝てる。既存のプレイヤーがいると、みんな邪魔してきますが、それらを倒すことができる。イーロン・マスクはその象徴です。アンチ・エスタブリッシュメントと、規制緩和と既得権の排除という一つの大きな流れが、できそうな感じがしています。

そう考えると、今回の変化は単純な政権交代ではなく、ひょっとすると「アメリカという国の一つのあり方が大きく変わっていく転換期」だという気がします。

エミン　その可能性はありますが、トランプはアメリカにとってはディザスター（災害）

だと思います。アメリカが今、必要としているのは規制緩和をして、金持ちの税金をどんどん排除するリバタリアン（完全自由主義者）的な発想ではなく、むしろルーズベルトみたいな社会主義者と言われてもいいぐらいの人です。そういう人が格差を是正したほうがいい。

トランプみたいな革命者はむしろ日本みたいなところに必要です。日本はすごい社会主義的な構造で、そのために行き詰まっています。アメリカはただでさえこの15年間でものすごい貧富の差が拡大して、いわゆる給料のギャップはそんなに大きくないけれども、ウェルスギャップ、つまり資産の差はものすごく開いてしまった。

武者　その不満に対して民主党がやろうとしていたのは、資産課税的なウェルスギャップの格差是正でした。

エミン　2016年にサンダース対トランプだったら、サンダースが勝ったと思います。それこそ民主党内部ではエスタブリッシュメントがサンダースを潰しました。しかしながら、既存の政治とか、既存のやり方に対しての不満はあるけれども、このはけ口としては、おそらくはトランプが答えではない。

第一次政権でトランプの最大の功績は減税でした。減税で一番得したのは、結果的に富裕層と大手企業。コロナのときも共和党政権のバラ撒きにより、資産価格が高騰してどんどん格差が広がってしまった。アメリカのアンチ・エスタブリッシュメントのたどり着く先というか、解決策は、ルーズベルトみたいな人が現れて組合を再び強くしたり、労働者の権限を強くしたり、また自社株買いを禁止したりする、暴走している資本主義を潰しに来るような人が登場することだと思う。そうしないと、アメリカは空中分解すると思います。

武者　トランプはその真逆ですね。

エミン　マルクスのヒストリカル・デターミニズム（歴史が一定の方向に進行するという考え）みたいなもので、大恐慌みたいなのをトランプが起こして、それへの反発としてルーズベルトみたいな、それこそサンダースみたいな、逆側の振り子の人たちが現れる。そこでスーパーリッチを潰して米国にリセットをかけるということが必要な気がします。

トランプはすごくファニー（こっけい）な人で、日本に対してはほとんどマイナス効果はないでしょう。トランプであろうが民主党であろうが、日本には特にマイナスの影響はないはずです。トランプ陣営の人事を見ても、日本にネガティブな人はいないし、むしろ親日的な人が選ばれています。

武者　バイデンでも、日本もアメリカも十分に景気がよかったわけですし。

エミン　勘違いされているのは、民主党は左ではなくて、中道派だということです。私は経済的な面で右、左を見る。民主党は本当に中道派。

一方、今のトランプ共和党は極右に近い。真の左、右という感覚で言うと、真の左は民主党の中にいますが、力がありません。その左の人たちが力を手にしないように、うまい具合にバイデンを連れてきた。バイデンは最も中和的なおっさんなので、エスタブリッシュメントにとっても、既存企業にとっても、メディアにとっても受け入れやすかった。しかし、結果的にバイデンを連れてきたことが、再びトランプの復帰に繋がってしまったのです。

アメリカに新しい大きなうねりが起こっているのか？

武者　エミンさんが指摘する通り、アメリカでは非常に大きな格差が広がっています。賃金というよりは資産格差です。株などの資産価格の上昇によって、アメリカ経済は立ち直りました。アメリカは今、資産価格、つまり、株式市場とか住宅市場を通して所得の再配分がなされる経済です。労働者の労働報酬は、資産とは別の市場要素で決まるのであまり上がっていません。結局、資産を持っている人が豊かになって、資産の蓄積がない人は豊かになれないのです。

一方、賃金などの労働報酬の格差は、それほど拡大していません。むしろ最近は縮まっているくらいです。今、アメリカで起こっていることは本質的な新しい経済構造の結果、もたらされたものである可能性が強いわけです。

エミン　たとえば今から半世紀前、米国を代表するリーディング・カンパニーはすべて製造業でした。製造業は儲かれば、儲け以上に投資して人を雇って工場をつくります。企業の利益が直ちに経済の拡大循環に結びついていたのです。

武者　それが、かつての経済のドライビング・フォース（推進する主要な力）でした。今はインターネットのさまざまなビッグプレイヤーが儲かっているけれど、彼らは雇用を必要としません。投資も、データセンターなどは必要ですが、工場をつくって人を雇うという設備投資ではありません。

今のアメリカは設備投資にはお金がかかるけれども、ダイレクトに雇用をもたらさないような投資が中心です。アメリカの雇用を見ていると、最も生産性が上がって成長している情報産業が、唯一雇用を減らしているわけです。

２０２２年に大きなプラットフォーマー（インターネットサービスを提供する事業者）が続々と首切りをやりました。当時のインターネット革命の中核商品であったスマートフォンは世界需要13億個程度がピークとなり完全に頭打ちでした。いよいよハイテクブームも終わりという空気となったその時に革命的ＡＩ商品ＣｈａｔＧＰＴが発表され、さらに次のワンランク上の成長が始まった。つまり今、起こっていることは、「新しい技術のもとで先端企業はどんどん利益が上がる。しかし、その企業はかつての企業とは違って、投資や雇用を増やす経済拡大のリード役ではない」ということです。

となると、儲かっている企業に大きな資本とか、所得の余剰が起こります。どんどん雇用機会が小さくなる一方で、資本の余剰と労働の余剰がどんどん拡大する。こういうことが起きているのです。

エミン　放置すると１９３０年代型の大恐慌に陥りかねないような、資本と労働の大幅な遊休化が起こってしまう時代です。今、アメリカでは企業が儲けをすべて株式市場に還元して、自社株買いや配当などでほとんど市場に返しています。市場に返すとはどういうことかというと、株主に返すわけだから、株主は報われます。ところが、株を持っていない労働者は、その恩恵にはあずかれないのです。

武者　それによって株が上がって、年金などの資産も増えてくれれば、間接的には労働者も報われます。そういう形で、株式市場を仲介した所得とか資本の再配分が２０１５年くらいで定着しました。それでも確かに、資産を持っている人が有利な環境なのです。

ただ、２０２２年が１９２９年の大恐慌のときと違うのは、大量の労働者が失業しなかったということです。多くの労働者は、インターネットやＡＩ革命とはまったく関係ないところで雇用され、小康を得たのです。

つまりサービス業ですよね。サービス業とはレストランですとか、あるいはエンターテインメントだとか、デリバリーなどです。そういったところに新たな雇用が生まれたわけです。従って、大恐慌のようにはならなかった。富の余剰は企業に残り、他方で労働の余剰（失業）は幸いにして起こらなかったわけですよね。

エミン　ただサービス業で職を得ても、サービス業の就労収入と資産の膨張では、儲けの差が莫大で、格差が広がるばかりです。

武者　アメリカの中央銀行はオバマ政権の時代はバーナンキ、イエレン。そしてパウエルと続いてリーダーが非常に賢明でした。アメリカの中央銀行は物価の安定と最大雇用という２つの使命を持っています。デュアルマンデート（２大責務）です。物価も大事だけれど完全雇用が最も大切という政策をとります。

どういう手段があるかというと、金利がゼロより下がらないとなったとき、「量的金融緩和でリスクプレミアム（リスクを取ることで得るリターン）を下げればいい」としました。リスクプレミアムを下げればいいとはわかりにくいですが、端的に言うと「資産価格を押し上げて、それで景気をよくすればいい」という話です。

大企業の利益は株式市場を通して世の中に還元する。豊かになった人々は消費を増やすので、消費関連でいろいろな雇用が生まれる、ということです。トランプがしきりに反対するのは、オバマケアとか、いわゆる政府による所得再配分です。政府が税金を課して、富をもう一度必要なところに再配分する。ところがトランプも、「オバマケアはやめる」と言いながら続けているわけで、そういう再分配はずっと続けてきました。では、これからは企業が儲かっているレベルの所得を、増税によって吸い上げて再配分という社会主義的方向に行くのかどうか。それとも、リバタリアンとエミンさんははっきり言ったけれども、自由放任にして、市場がおのずから答えを出す方向で行くのか。

市場の答えというのは、株価の上昇や配当の増加です。トランプ政権はその市場に任せる流れで行こうという考え。国民がどちらを選ぶか、というのが今回の大統領選挙の注目点だったわけです。その結果、大統領選で国民も市場に委ねるという方向性で行くという決断をした。

エミン　政府が所得の再配分のすべてを担うのは、アメリカ的な解決ではないですから。

武者　アメリカは資本主義の国だから、最後は市場で決着をつけたいわけです。これから、ますます今の技術が進めば、ものすごく大きな資産格差、所得格差が生まれます。

その大きな原因は、かつてのような、その人の出身とかどういうグループに属しているかということではなく、同じ条件でスタートすれば、知恵がある人が勝つという時代になっているからです。そうすると知恵がある人がどんどん豊かになっていく。24年の大統領選挙は、それをどう再配分するか。資本主義のメカニズムの中でやるのか、社会主義的な仕組みでやるのかという選択でした。

エミン　イーロン・マスクのようなリバタリアンは、成果はその人に帰属するべきだと考えるでしょう。

武者　それはそれで、マスクもお墓までお金を持っていくわけではありませんから、最後はウェルス（資産）をいろいろなファンドをつくったりして、さまざまな形で社会に還元して消えていくわけです。王様とか貴族みたいにずっと自分の富が階級として温存、定着するわけではありません。

そういう長期的な流れの中で、今はどの方向に行くのかがまったく見えません。取りあえず今回の選挙は、リバタリアン的な、何から何までまず市場でやってみようじゃないか、政府の介入をなるべく小さくしようじゃないかという方向に、有権者の判断が下りました。私は今の時点で、それは「間違い」とは言えないのではないかと思うのです。

エミン　しかしながら、今後、もっともっと格差が広がるでしょうね。

武者　今起こっていることは、新しい産業革命だと言っていいでしょう。本当に人もお金も要らなくて、知恵だけがあれば大きなビジネスのアントレプレナー（ゼロの状態から事業を起こす創業者）になれる。そういう時代における社会的な所得の配分と、みんなの生活をよくする仕組みをどうつくるか、私は大きなチャレンジだと思います。

トランプとマスクは誰も想像しなかったけれど、ケミストリー（相性）があってドッキングしてしまった。リバタリアン的なものの考え方が求められている、あるいはそれを必要とする起業家が、かなり多く存在していることの表れです。今の時点で直ちにトランプの政策が失敗するとか、アメリカはこれから衰弱して間違った方向に行くとは、判断できない状況でしょう。ひょっとすると、アメリカはもっと大きく強くなるかもしれない。

エミン　今ならば、ＡＩなどの競争で最も優位に立つために必要なのは、徹底的な規制緩和と既得権益の排除です。規制があって既得権益があるところは伸びなくなります。日本がその典型です。

武者　かつて日本も、インターネットプラットフォーマーになりそうなライブドアとか、若くて優秀なプレイヤーがいたわけですが、結局日本のメディアと既得権益を持つ人々が潰してしまった。たかだか株式市場における不正取引という罪状で、大きな潜在力のある企業をすべて潰してしまったわけです。

規制とか既得権が「いかに害が大きいものであるか」という観点からすると、トランプとマスクというのは完全なアウトサイダーで、規制だとか既得権とは完全に対決するスタンスです。ということは、ビジネスはやりやすくなる。ＡＩ、ハイテクで強いアメリカがもっと強くなる要素が、かなり大きいと思いますね。

エミン　大統領選はそもそも選択肢が与えられていなかったと思います。片方はトランプで、片方はいかにも現状維持に見えていました。

武者　おっしゃる通りです。ただ、選挙はみんなそんなにクリアなロジックがあって投票するわけではなく、底流に何かがあって人々は動きます。人々は本質的にその底流を感じ取ってはいても、きちんとは理解していない。そういう烏合の大衆が物事をつくっていくわけです。

だから、「こいつ、どうしてこんなに人気があるんだろう」とか、「どうして、こんな流れがあるんだろう」と、最初は変に思っても、後から考えると「なるほどこういう大きなうねりがあったのか」みたいなことが起きる。アメリカは、そういうことが時々起こる国ですよね。

エミン　社会的なうねりかどうかは、トランプは2期目を目指して一度負けたわけだから、実際にはどうかはわかりません。

武者　今はわからない。けれど、経済環境はトランプの時代とバイデンの時代とそんなには違わないですよね。

エミン　大きくは違いません。

武者　しかし、民主主義に対する態度はトランプのほうがよっぽどひどい。

エミン　トランプ的なエキセントリズム（個性的で普通ではない性格）はあります。

武者　だから、我々の物差しからすると、議論の余地なくバイデン&ハリス、つまり民主党のほうに分があると思っていたでしょう。トランプなんて1年ちょっと前まではもう二度と大統領になれないだろう、立候補すらできないと思われていたのですから。

エミン　元気なバイデンだったら勝てたかもしれません。ハリスがどこまで優位だったか、ということもある。実際、女性だからとかインド系だからとか、それを理由にしてしまうと逃げ道をつくってしまう。

けれども、事実上アメリカはそういう国で、女性が2回チャレンジして失敗している。女性の候補者が勝つチャンスは少なくとも男性に比べて低いというのと、もう一つはバイデンはすごくオーソドックスな、白人の気のいい爺さんで、誰にも嫌われないみたいなタイプで、なおかつ口が達者。バイデンのピークパフォーマンスではなくても、少なくとも10年前くらいのオバマの副大統領やっていた当時くらいの、元気と勢いがあれば、おそらくトランプは勝てなかった。民主党には「トランプに対して出してくる候補者が弱すぎる」という背景もあったのです。

なぜ、トランプが勝ったのか？

武者　ただね、今のアメリカの人々が痛切に感じている移民の問題とか、行き過ぎたポリティカルコレクトネス（特定の民族や人種、宗教、性別、職業、年齢などに対してさまざまな差別を避けること）とか、環境の問題。その対策として、本来のアメリカのリバタリアン的な、市場経済ですべての正義が実現するというアイデアからすると、あまりにも多くの強制、規制ということが打ち出されすぎた。大学の入試も、人種によって合格点のレベルが違うとか、それは公的な分野における採用の基準にもある。

かつてのマイノリティ保護という観点だったらいいけれども、企業経営や行政の現場でそれが実際のさまざまな人々のモチベーションや効率性を阻害するまでに高まったという不満があった。バイデンはむしろそれを推し進めた。

エミン　そうです。

武者　いわばマイノリティをすごく優遇した。それは人権尊重のようには見えるけれども、それがパフォーマンスベースで正当化できるかどうかは疑問です。アメリカ人には、少なくとも、そういうアメリカそのもののＤＮＡに関わる大きな変化が起こっていることに対する強い危機意識もあったと思います。

エミン　それは間違いなくあるでしょう。「この流れを止めないと白人がマイノリティになる」と、実際に言っている人もいます。

武者　必ずマイノリティになる。あと20年もすれば半分以上がヒスパニック（スペイン語を話す国に血筋のルーツを持つ人たち）になる。それは時間の問題なのですが、ただ、それを「アメリカの歴史的な価値観を維持する形で実現してもらわないと困る」というのはあると思うのです。正しいか間違いかではなく、今、アメリカの人々が、現実に起こっている、急激なアイディオロジカル（思想的イデオロギーに関連する）なスイングについていけなかったり、ものすごい反発が起こったりしている。それがトランプ支持のもう一つの要素にあったのだと考えます。

エミン　もしそれが原因だったら、２０２０年のときにバイデンが勝つことはなかったでしょう。パンデミックがもたらした景気後退に対する不満から、結局トランプが負けた、と私は考えています。

　もちろん選挙の勝敗は理由が一つだけではありません。経済的な理由もあれば、イデオロギー的な理由もあると思いますが、２０２４年の世界の主要国の選挙では、メキシコ以外、すべて与党が負けているのです。

武者　そうですね。

エミン　アメリカに限った話ではなく、イギリスも政権交代しましたし、ベルギー、リトアニア、フランス、すべて与党が負けました。与党が勝って票を伸ばしたのはメキシコだけです。

全世界で与党が負けたり、票を失ったりしているのは、パンデミックによる物価高にプラスして、経済が止まったことによる後遺症がいまだに続いているということでしょう。

私が常連だった飲食店はパンデミックで３店舗潰れました。その店は復活していません。結果的にコロナの長期的なダメージ、後遺症がまだ全世界に残っていて、さらに物価高とあいまって政治的な不満につながっている可能性もあります。

武者　日本も自民党は惨敗でした。

エミン　全体的なイデオロギーとしては武者さんのおっしゃる通りで、右に左に行ったりする流れはありますが、それもかなり短い期間で動いています。

たとえば、トランプが現れたとき（２０１６年）に、右派ポピュリズムが世界的に広がるのかと思ったら４年後に真逆が来て、フランスでもどこでも右派が負けた。だから、２０２４年のトランプの圧勝は世界的な動きではなく、アメリカ的な動きである可能性もあります。アメリカのトランプ主義的なものは、アメリカ特有かもしれません。ただ、４年後には、トランプはいなくなるけれど、いわゆるトランプ主義的なものは残って、長期にわたって、アメリカ政治に影響を与えるかどうかは大きなポイントになってきます。

武者　反移民的な思想は、アメリカでは歴史上、度々起きています。

エミン　一番有名なのは１８５０年代のノウ・ナッシング運動。当時のアイリッシュ移民やイタリア移民に対する反発でした。そのときの人たちのモチベーションには宗教的な背景もありました。アイリッシュとかイタリアンはカソリックだから、アメリカの憲法や大統領ではなく、ローマ法王に忠誠を誓っているとのことで、反移民運動が盛り上がったのです。

武者　トランプの支持層には白人至上主義がたくさんいますね。

エミン　彼らは今だと、むしろイタリア系やアイリッシュ系のことを、白人だから自分たちの仲間だと思っています。いずれラティーノ、つまりラテン系を自分の仲間に入れて、アジア人、インド系やムスリムは排他されるみたいな思想になっていくのではないでしょうか。ラティーノには意外にトランプ支持も多いので、次第にそうなっていくだろうと予想しています。

武者　最近、ヒスパニックがむしろトランプにシフトしているのですか。

エミン　していますよね。

武者　マルコ・ルビオ（国務長官）もヒスパニックですし、だからトランプの根本は人種じゃないと思うんですよ。ヒスパニックであれ誰であれ、一言でいえばリバタリアン。非常に徹底した自由主義者というグループがあって、それがトランプとか共和党の人々で、大きな塊となってアメリカに残っていくと思う。

そういう背景があってアメリカで新しい資本主義ができるかどうかが、見ものなのです。たとえば、昔、我々がまだ小さかった頃とか、おじいさん、おばあさんの時代は一番大切な財産は土地だったわけです。でも、今は農業をやる人が減って誰も土地を必要としません。ものすごく大きな産業の変化と、それに伴う社会構造の変化が起こったわけです。今、まさしく新しい、そういう変化が起こっているのです。

トランプはどこまでリバタリアンな動きをするか

武者　現在進行形の変化はどうやって認識すればいいのかよくわかりませんが、大きくは資本主義に対する考え方だと思うのです。同じお金でも、エミンさんが持っているお金と私や誰かが持っているお金があったとして、知恵によって全然用途が違ってくるわけです。

イーロン・マスクが持っているお金は、すごく価値がある。しかし知恵というか、才覚がない人が持っているお金には意味がない。となると、決定的に人々を分かつのは、資本ではなくて知恵である可能性もある。知恵といっても、一定の教育を受けてそれなりに訓練された知恵でないといけないけれども、現代はどのような知恵が格差をつけるのかということもまったくわからない。そんなこれまでになかった将来に足を踏み入れようとしています。

いったい、どういう世の中の仕組みがよくて、どういう形で人々に所得を配分すればいいのか。中国のようにＡＩで稼いだら、稼いだものはすべて国有企業が支配して、それを人々の求めに応じて再配分すればいいという社会主義的な解決策もある。中間の処方としては、例えばユニバーサル・ベーシックインカムのようなものもある。

エミン うーん。

武者 何がいいのかはわからないけれども、市場経済とか自由経済でトライをしてもダメとなったら、結論は社会主義になってしまうかもしれない。もちろん、まだそんな段階ではないので、「市場経済とか自由経済において、さまざまな形でトライして、新しい仕組みを考えようじゃないか」という段階なのではないかと考えています。

エミン　それは、いわゆるトランプ的な発想です。イーロン・マスクもそうですが、一番大きな問題は、彼らのオルタナティブ（伝統的ではない）な世界観。イーロン・マスクの世界観は自分がＴｗｉｔｔｅｒを買収して、８割の人を切って、アメリカの予算も「１兆ドル切れる」と言っている。結局、公務員をクビにするということです。では、「その人たちはどうするのですか、そのファミリーはどうするのか」となっても、彼らには知ったことではないということです。

　確かにリバタリアン的な発想で、「自分たちがすごいことをやりたい、火星にロケットを送りたい」とか、そういうことはあるのかもしれません。しかし一般的な人たちに何か解決策はあるのか、職を失った人たちに対してどうしていくのかという考えがまったくありません。

武者　でも、それは誰にもないですよ。たとえば、公共事業をやる、あるいは中国のようにあらゆる産業はすべて国有企業にする。政府が人を雇うということでなければ誰にも解決策はありません。

エミン　もちろん。そうです。

武者　では、どこで雇用をつくるかというと、まず生活ができるまで賃金を与えるしかありません。つまり、そこに遊んでいる人がいたら、その人に何かサービスやスキルを与えて、今までやってなかったサービスをやってもらうしかありません。

エミン　それには結果的に予算がつくでしょう。リバタリアンは教育の予算も削ろうとしています。教育の予算を削って、社会保障を削って、何をしたいのか。

アメリカは昔からそういうリバタリアン的な発想は非常に根強いし、一般人からの支持もあるけれども、このＡＩ化の世の中で「組合をすべて解体しましょう、人を減らしましょう」とやって、余った人たちはどうするのでしょうか、ということです。それによって治安が悪化したら、どうするのでしょうか。

もちろんその解決は中国的な社会主義ではないとは思います。しかし、一方でリバタリアンのやり方は反発を生んで、ものすごい反対側の極左的な人たちが力を持つ危険性が、今後のアメリカにはあるんじゃないかなと思っています。

武者　振り子が思いっきり反対側に振れるということですね。

エミン　アメリカは最終的にはものすごく資本主義的な国なので、ルーズベルトのやったことも少しずつ解体されていきました。いずれにしても、アメリカで起きることは全世界でその後に起きます。アメリカがどういう解決策を出すかによって、その結果が私たちの生活にもそのまま直撃するわけです。ＡＩの活用とあり余った人たちをどうするのか、それは最大の課題でしょう。

武者　はっきりしているのは、新たな雇用は財政赤字とか、あるいはマネーの供給でしかつくれません。つまりＡＩによりすごく生産性が上がる。供給力が増える。そうすると、その分の需要が必要です。みんなが働くだけの需要がないと需要不足が起こります。

この需要不足、デフレギャップを何で埋めるかというと、政府が公共事業をやるのでなければ、減税やマネーの供給で新たな需要を財政金融的につくるしかない。財政金融を回して、その先に新たな雇用が生まれて経済を循環させていけばいいわけです。アメリカは大恐慌を経験して、その循環に初めて気づいたわけです。大恐慌のときには金本位制をやめてマネーを印刷する錬金術を始めたところから回復が始まった。リーマンショックのときにもＱＥ（量的金融緩和）によりＦＲＢがバランスシートを大膨張させたことによって立ち直った。金融財政的にやらないと問題解決はありません。

今の経済はすごい勢いで技術が発展して、生産性も高まっています。恒常的に需要不足になるので、ちょっと油断するとすぐにデフレに陥ります。
トランプも金本位制を主張している人をFED（連邦準備制度）の理事にする一方で、パウエルが利上げするとすぐにクレームをつける。支離滅裂な行動をすることもあるけれども、結局はマネーの供給をできるだけ増やしたほうがいいというスタンスなのは間違いないと思うのです。

エミン　アメリカのFRBなどの知恵はすごいので、完全雇用を維持するためには何が必要か、財政と金融を使ったらここまでできるという計算はすぐにできるはずです。

武者　リバタリアン的な動きと、すぐれたテクノクラート（高度の専門的知識を持つ行政官）による金融財政を駆使した完全雇用をつくり出すメカニズムがうまく回っていくかもしれないと思います。破綻する可能性もないとは言えませんが、スムーズに行くという可能性もあり得るという場面ではないかと、今は考えています。

エミン　過去30年間、アメリカの景気後退は、すべて共和党政権時に起きています。深刻な景気後退は1991年、ブッシュのお父さんのとき。それと2008年はジュニア・ブッシュのとき。2020年のコロナ・ショックはトランプでした。あと、2001年のITバブルの崩壊も、ちょうどブッシュが就任した直後でした。だからブッシュは唯一、大統領任期中に株価が下がった大統領なのです。現在のアメリカの株価は史上最高値、完全雇用と完璧な状態です。この状態で経済をトランプに渡されて、トランプはある意味、時限爆弾を渡された可能性もなきにしもあらずです。

武者　なるほど。時限爆弾がいつ爆発するかは、誰も予想がつきません。

エミン　今すぐに経済崩壊するとは思わないけれど、過去のケースを見ると、共和党政権は常に景気後退を起こしています。それは過去30年間の経験則で言えることです。トランプには任せたけれど4年後、「景気が大変なことになりました」と民主党に政権が戻ることは十分に考えられます。

武者　バイデン政権時にはマクロ的な数字はよかった。

エミン　見た目の数字は悪くない。失業率がものすごく低いし、雇用も元気で消費も元気。しかし、どうしてみんな不安なのかと中身を見ると、確かに雇用は増えているけれど、給料の高い仕事が増えているかといえば、減っています。IT産業が人を切っているので、高給取りが減っているのです。増えているのはギグエコノミー（インターネットを通じた単発の仕事でお金を稼ぐといった働き方）。ウーバーのような、ドライバーとか配達員、サービス産業における飲食店とか、接客業とかです。彼らの賃金は低いわけです。

もう一つは当然ながら、これだけお金を刷って資産バブルを起こしているので、資産をもともと持っていなかった人たちがより貧しくなっています。アメリカの住宅はものすごい値段になって、しかも金利も上がった。これは地方のマンションですら1億円を超えた日本も同じ。「家は欲しいけれども、高くなり、手遅れになりました」という人たちは、当然ながら不満が溜まる。だから、実態は見た目上の数字と違うわけです。

武者　統計上の数字と、生活者の感覚の相違ですね。

エミン　この30年間の現象は「エレファントの背中」と言います。エレファントを横から見て、シルエットを所得の伸び率のグラフになぞらえると、鼻を上げたときに急激な右肩上がりになるでしょう。この30年間でグローバリズムとIT産業が発展して、鼻の部分はめちゃくちゃに伸びている。鼻の部分の資産家や富裕層はめちゃくちゃ儲かっているわけです。そして一番下の低所得者の人たちの生活水準は上がっているのです。それがちょうど象のお尻。しかし、背中の部分は凹んでいる。ミドル層です。この30年間で結果的にはそうなったということです。

武者　エミンさんの故郷のトルコもエレファントの背中だったのでしょうか。

エミン　私が子どものときは、トルコの最低賃金で働いている人の割合はわずか3割しかいませんでした。今は6割程度にまでなっています。当然ながら最低賃金は上がっています。3割のもともと最低賃金で働いている人たちからすると、残りの人たちとの賃金の差がなくなったわけです。だから、この人たちに不満はありません。むしろ喜んでいます。自分はいい学校も行ってないし、そこまでスキルも持っていないけれど、立派な大学を出た人たちと大して給料の差がないじゃないか。敗者じゃないと。

武者　中間層の人たちが不満を抱えているわけですね。

エミン　その通りです。底辺層が誰に投票しているかというと、トルコのトランプと呼ばれるエルドアンです。そして、中間層から上位層はトルコの民主党的な政党に投票しているわけです。こういう現象はどの国でも同じ。日本はちょっと特殊ですが、これからその現象が起きてくる可能性はあります。

バイデンとトランプの政策的な違いは、実はあまりない

武者　FRBは、非常にプラグマティック（実利的）にやるので、そのときにベストの政

策は、別に共和党でも民主党でも選択肢は同じです。だから、バイデン時代もパウエルという共和党員が中央銀行の総裁をやっていたわけです。そういう意味でバイデン時代のアメリカは、うまくマネージできていたと思っています。

エミン　第一次トランプ政権でH－1Bビザ（特殊技能を有する職業に従事する人のためのビザ）の取得を厳格化しました。それはバイデンになっても変わりませんでした。トランプが導入した追加関税も、バイデンは解除していないわけです。変わらないと言われれば、本当にそうです。

武者　トランプもオバマケアを止めなかったし、バイデンもトランプ減税を続けました。今回のカマラ・ハリスも「減税は続ける」と言っていたわけです。対中政策も、ほとんど変わりません。変わるのはイデオロギーとか、移民に対する態度くらいでしょう。

経済に関してはアメリカの人々は、政治家も官僚も学者も含めて非常にスマートですね。プラグマティックにそのときに必要な政策を、きちんと打ち出している。バイデン政権は評価という点では、あまりクレームをつけるところはなかったと思います。

エミン　クレームをつけるところもないし、逆に言えば、何も変わってはいません。だから、あえて次のトランプ政権も見てみたい。本当にアンチ・エスタブリッシュメント的なことをするのか、口先だけなのか。トランプが本当にやるのであれば、良い変化をもたらす可能性もあります。

一方、最終的には何もせずに騒いだだけで終われば意味がありません。結果的にアイデンティティポリティクスだけで戦っただけになる。それでは一般的な人たちの暮らしは何も変わりません。

武者　インフレになったからといっても、それはバイデンの責任ではなく、ウクライナ戦争とかサプライチェーンの寸断とか、そういう外的な要因で起こったことですから。

エミン　バイデンの大きな功績は原油価格を抑えたことです。アメリカの戦略的な備蓄をすべて放出して、ウクライナ戦争が続いて、中東でも戦争が起こり、地政学テンションが高いにもかかわらず、バイデン政権は原油価格を抑えました。

アメリカ人のインフレに対する不満はわかるけれど、アメリカは主要国の中で一番上手にインフレをマネージした国ですよ。

武者　２０２３年、アメリカは戦後初めて原油生産が原油需要を上回りました。そして世界最大の産油国はアメリカになったのです。原油価格が上がって、消費者は困るけれど、原油価格の値上がりによってオイルメーカーは利益が上がります。だから、国全体として別にマイナスではありません。

アメリカはエネルギーも食料もハイテクも、世界最大の供給力を持つ、実はものすごく大きなアドバンテージをたくさん持っています。だから、いろいろな奥の手がある。バイデンがその奥の手を使って、人々の生活をうまくサポートしたのは事実でしょう。

エミン　バイデンがもう少し若かったら、選挙に負けなかったと思います。もっと戦えたし、やっぱり年齢がディスアドバンテージだった。しかもバイデンが早めに諦めなかったので、ハリスには準備期間がなかった。

武者　２０１６年の選挙では、得票数ではヒラリーが上回ったけれども、トランプに負けた。あのときと同じ。オバマ時代は失業率が低かったし、株価も上がった。しかしながら、人々の底流にトランプ支持があった。

エミン　ヒラリーの場合は現職の再選チャレンジではないので、それなりに不利ではありました。

武者　しかしながら、キャビネット（内閣閣僚）のメンバーではありました。

エミン　ヒラリー・クリントンは、ギリギリで負けました。当時、まさかトランプが勝つと思わなかったのでスイングステート（アメリカ大統領選挙において、選挙のたびに勝利政党が変動する州）にまったく力を入れていなかった。今回は、もうトランプの圧勝でした。

武者　結局、最初のトランプの勝利から、どんどんトランプの支持者が増えているわけです。特に今回はあれだけスキャンダルがどんどん出てきたし、どう考えても、２０２１年のアメリカの議事堂に対する群衆の乱入をそそのかしたのはトランプだったでしょう。

エミン　前回や８年前とかに比べるとトランプ側のメディア力はおそろしい。４年前だったらトランプはＳＮＳから追い出されたけれども、今回はイーロン・マスクが味方についた。加えてＦＯＸにしてもその他のトランプ寄りのメディアにしても、影響力が増している。エコーチェンバー（自分と同じような意見や信念を持つ人々とばかり交流することで、その考えがどんどん強化されていく現象）と言いますが、トランプの支持層は本当に大きくなっている。

武者　選挙資金は圧倒的にハリスのほうが多かったわけですよね。

エミン　はい、それはそう。

武者　そのお金は、ＳＮＳとかそういうところに使われたんじゃないんですか。

エミン　使われているとは思うけれど、ポイントはトラディショナルメディア。結果的にはトランプ支持者はＦＯＸしか見てないし。トランプ支持者に響くような媒体でキャンペーンをやったわけではなかった。

もう一つは危険な動きだけれど、トランプ支持者たちは何が現実で何が現実ではないかの軸が外れてしまった。たとえば、「トランプが有罪判決を受けました」という報道がされると、トランプ支持者は必ず「民主党の裁判官だろ。トランプは無罪だ」とか、すべて陰謀論になる。もう、この人たちには何も説明できない。説得しようがない。

武者　トランプはプロパガンダ戦略がうまかった。

エミン　トルコでエルドアンがやった右派ポピュリズムの、すごく効率的なプロパガンダ手法です。一般的な手法ではこれに対抗するのは難しいのです。たとえば、ミスインフォメーション（意図せずに流布された誤った情報）とか、ディスインフォメーション（意図的に流布される虚偽の情報）とか、嘘を広められるのだったら、それを正しても意味がなくて、もっと大きい嘘をバラ撒くしかないのです。つまり、プロパガンダにプロパガンダで戦うみたいな方法ですね。

しかし、こうなると結局、何が真実かわからない。「誰の声が大きいか」によって、メインストリームになる。結局のところはアメリカの新聞が書いていることは、トランプ支持者からすると全部嘘となるわけです。ＦＯＸ以外は、全部陰謀となってしまうわけです。

第4章
今、アメリカ経済に何が起こっているのか

世界的に金融財政のテクノクラートが力を持った

武者　アメリカは何か壁にぶつかったとき、アウトサイダー（社会常識の枠にはまらない独自の思想の持ち主）が出てきて、新しいものをつくっていきます。そういうアウトサイダーを決してディスカレッジ（阻止）しません。そういうアメリカ独自の流れというか、考え方に可能性があると私は思っています。

ただ、そのプロセスにおいて理解できないとか、納得できない要素もたくさんあります。しかしまた、それもアメリカなんですよね。本質的な非民主主義的手法に対しては、アメリカ人は「ノー」と言うけれど、容認できる罪などは大目に見ることがある。たとえば、クリントンが性的なスキャンダルを起こしたことがあったじゃないですか。他の国だったらアウトだけれども、アメリカは許容しました。

エミン　アメリカのメリトクラシー（個人の能力や実績に基づいて地位や報酬が与えられる社会の仕組み）は、昔からですね。イーロン・マスクだって外から来た移民だし。ヴィヴェック・ラマスワミ（製薬スタートアップ企業のロイバントサイエンシズの創業者。トランプ政権で創設される政府効率化省の共同議長にイーロン・マスクとともに就任することが発表されたが、２０２６年のオハイオ州知事選挙に立候補する意向であるため共同議長を辞退した）も、米国生まれながら結局移民の子供です。彼らの能力を開花させたアメリカはすごい国ですよ。

やる気と能力があれば、アメリカンドリームではないけれども、昇り詰めることができる。その意味ではアメリカの足下に及ぶような国はないし、アメリカの自由主義は非常に大切です。世界がアメリカ的な価値観を失ってしまうと、権威主義に走ってしまう危険性があります。

武者　しかしながら、ＡＩ時代になって何が現実で、何が現実ではないかという判断がなくなってしまうと、プロパガンダ力の戦争になるかもしれません。

エミン　イーロン・マスクがＴｗｉｔｔｅｒを４４０億ドル（日本円でおよそ5兆４００0億円）で買いました。

今、Ｔｗｉｔｔｅｒは価値が80％くらいなくなっていると言われているけれども、お金の話は重要ではありません。お金を使って手に入れた権力、世論を動かす力は、プライスレスですね。同じくＡＩを開発している人たちが狙っていることも、おそらく金銭的なことではありません。ＡＧＩ（汎用人工知能）、万能なＡＩをつくれば、世界を動かせるようになるのでお金は意味をなくします。しかし「人間にとって、そんな世界は楽しいでしょうか」と疑問に思います。私は非常に怖いです。

武者　ＳＮＳ、ＡＩの真の目的はマネタイズ（収益化）ではなく、資本主義を超えた影響力ということですね。

エミン　実際にＡＩの研究をしている友達は、「たぶんＡＩはマネタイズできないだろう」と言っていました。しかし、いくらでも動画や画像をつくれて、お金を超えてくる力を生みやすい。今はまだ現実と違いが少しわかるけれど、そのうちまったくわからなくなります。そうしたら、何が真実で何が真実ではないのか、わからなくなります。そんなツールと手段を持った人たちは、世の中や世論を自分たちの思いのままに動かせる、ということです。

この力を持つのがコーポレート（企業や団体）であっても国家であっても、たとえば、中国のような権威主義国家ならなおさらですが、非常に怖い存在になる。この恐怖に対して解決策とか対策で動いている人たちは、現時点ではそんなにいません。

武者　レギュレーション（法的な整備）は、いつも技術の後追いです。技術がもたらした弊害が見えて、初めてレギュレーションが出てきます。技術がどんどん先に行っていますから、ウィナー・テイクオール（勝者総取り方式）が、ずっと続くかもしれません。

既得権益者とか、既存のエスタブリッシュメントではなく、まったくのグリーンフィールド（草木が生えていて、これから整備しなければならない土地）からそういうウィナーが出てくる。普通の出自の人が成功していく。それもまたアメリカンドリームなんですよね。ドリームが常にいろいろなところで叶うならば、台湾人であれ南アフリカ人であれ、どこの国からでもアメリカに行って夢が実現できる。そういうチャンネルは望ましいことです。

エミン　やる気がある人には、アメリカはいい国ですよ。

武者　アメリカの経済政策は、バイデンでもトランプでも変わらないので、FRBの力がすごく大きい。財務省も含めて、金融財政のテクノクラート（高度の専門的知識をもった行政官・高級官僚）はすごく優秀ですよね。

エミン　金融財政のテクノクラートに力があるのは、世界的な流れです。どんどん経済が複雑化して、政治家では経済についていけません。結局、テクノクラートがめちゃめちゃ力を持つことになります。日本も、同じでしょう。

相場は政治家よりもFRB議長の発言で動きます。FRBに限らず日銀もパワフルです。世界中の投資家は、パウエル議長や植田総裁の演説を聞きます。これだけテクノクラートが力を持っている時代は、もしかしたら初めてかもしれません。選ばれた人たちではなく、任命されている人たちのほうが力を持つというのは過去にはなかった現象です。バイデン時代の財務長官、イエレンもめちゃくちゃパワーを持っていました。

武者　日本だと、政治家が財務省の大臣になります。何もわからない人がヘッドになるので官僚がやりたい放題です。でもアメリカのイエレンは、第一級の経済学者でFRB議長も経験して、誰よりも経済と実務に詳しい。本当にふさわしい人が意思決定をする国と、そうではない国との差は大きいわけです。

日本の財務省であれ、日銀であれ、彼らは経済に関して本当のことはわかってないですよ。自分たちの財政金融の狭い領域は知っているけれども、たとえば国際競争で必要なビッグピクチャー（大局）はわかっていません。

エミン　確かにわかっていません。日本の政治家にしても役人にしても、株を持っていません。そんな人たちが「貯蓄から投資へ」と自分では理解していないことを言っている一方で、パウエルさんは大きなポートフォリオを持っている。

武者　パウエルも、グリーンスパン（ＦＲＢ議長を異例の5期務めた）も、もともと投資家ですから。やはり彼らの物差しは、あるいは彼らの善悪の判断は投下資本のコストとリターンですよ。それがすべてです。コストとリターンを軸にしてすべての判断をしていく。トランプであれ、バイデンであれ、みんな同じ。資本主義の最も基本的なプラクティス（日常的な活動）とかルールにおいてアメリカはもう図抜けています。

エミン　トランプみたいな人が日本には必要です。今のアメリカにトランプが必要かどうかは個人的には疑問ですが、日本には実業家でお金のことをよく理解している人が求められています。日本の政治家は、自分の力でお金を稼いだことがあるのか、疑問に感じるレベルです。

武者　おそらくは、ほとんどないでしょう。経営者であった人は親の会社を継いでいるとか。

エミン　ですよね。

武者　家業が豊かになってお金があるので政治家になりました、みたいな。本当にビジネスで成功した人はほとんどいません。

エミン　ゼロからやった人っていないでしょう。そうなると、起業家にとって何がいいのか、日本をどう発展させればいいのかはわからない。発想自体がないかもしれません。

武者　政治家は2代目、3代目なので庶民ではないですよね。

エミン　貴族階級ですよ。ロシアで言えばオリガルヒ（新興財閥）。アメリカでもイーロン・マスクは一種のオリガルヒではなく、いわゆる霞が関の官僚と、政治家の2代目、3代目が一種のオリガルヒをつくっています。この集団がトータルで見ると相当な経済力を動かしている。いわゆる既得権益層です。彼らは新しく出てこようとする人が気に食わなければ潰します。

アメリカが贅沢できるのは世界最大の赤字国だから

武者　予測がつきにくいところはありますが、トランプになっても金融政策は大きくは変わらないと思います。たとえば、大恐慌になったり、金融のシステムを大きくつくり変えたりしなければいけない事態になったときは、新しい何かが出てくるかもしれないですが、今のところ、それは予見されません。

エミン　トランプはどこまでやるのかわからないのですが、移民はデポート（追放）されそうですね。

武者　あと、忘れてはいけないのは、今、世界はドル本位制です。アメリカがどうして贅沢ができるのかというと、世界最大の赤字国だからとも言えます。過去40年間、世界で見ると他の国はみんな黒字。しかし、アメリカだけが巨大な赤字国です。変動相場が50年続いた結果起こったことは、アメリカという巨大な債務国が登場したことです。本来は赤字であれば、通貨が暴落することで赤字がなくなるはずなのに、アメリカのドルは暴落せずアメリカだけは赤字を垂れ流し続けているのです。

エミン　アメリカは赤字でありながら強い通貨を維持することに成功しました。

武者　これは二重の得があります。基軸通貨で、輪転機を回してお金をどんどん刷る。しかも、これは借金ではなくて通貨発行。基軸通貨なので返済義務はありません。しかし他方で、お金をどんどん出したらインフレになって通貨が弱くなって、結局、通貨価値は下がるはずです。それなのに、アメリカだけは通貨価値が下がらない。

エミン　みんな、ドルを買わなきゃいけないから。

武者　どうしてアメリカはあんなに強いのか。イーロン・マスクやジェンスン・ファアン（N

VIDIAの社長兼CEO）のように、アメリカのハイテクリーダーはほぼ外国人ですよね。そういう人たちがアメリカに行って、そこで一旗あげる大きな要素は、アメリカは豊かだし、機会があるからです。みんなが憧れる非常に知的な土壌があり、生活水準が維持できるわけです。

エミン　そうですね。

武者　あれほどの赤字国で、ドルが今の価値の半分とか3分の1になったら、もう贅沢なんかできません。今のように世界中から有意の才能をかき集めることはできなかったはずです。それとアメリカの強さのもう一つの要素は、借金をする猛烈な能力があることです。他の国と異なり、少々困難になっても、いろいろな奥の手を出せる余地があるのです。

エミン　それがBRICSの狙いでしょ。BRICSは、ドルの覇権を狙っています。トランプ主義的な発想では、もうアメリカは介入するのをやめましょう、NATOも不要だ、国連も不要だ、みんな自分のとこの防衛は自分でやれと主張しています。

それはわかるけれど、だったら、あなたたちのゴミみたいな通貨を誰が基軸通貨として使うのか、という話です。

結局、アメリカが世界の警察をやってくれるから、みんながアメリカの国債を買ったり、アメリカの通貨を使って貿易したりしてくれる。そのおかげでアメリカ人は無価値なお金を刷って、いい思いができています。大量に刷っても通貨の価値が崩壊しないわけです。アメリカが世界の警察をやめてしまったら、アメリカの価値のない資産を持つ必要がなくなってしまう。

武者　トランプの主張は本気かフェイクかわかりません。

エミン　トランプ政権は2期目で本当の本気度が出る。1期目は未経験だったし、共和党の伝統的な人事を使わなければいけなかったけれど、2期目からは閣僚を完璧にトランプロイヤリティスト（トランプに対して忠誠心や愛着を持っている人々）で固めています。

武者　常識的に考えて、今のドル覇権が弱くなるような選択をするわけはないでしょう。トランプがウクライナの問題に少し消極的なのは、ウクライナはまだドル覇権に直接は関わってこないからです。でも、台湾は完全にドル覇権に直結します。台湾が中国のものになったら、日本はアメリカの属国から中国の属国になります。そうなると、もうドル覇権は完全に崩壊します。

エミン　台湾が落ちてしまったら、ドルは崩壊するね。

武者　アメリカは地政学的な選択肢があるわけではありません。世界の警察である必要があるのです。おそらくトランプもそれはわかっていると思います。選挙のときにはラスト・ベルト（アメリカ合衆国の中西部から北東部にかけての斜陽産業が集中する地域の呼称）の白人の人々の不満に応え、アメリカ・ファーストを唱えました。しかしそれは、選挙上のレトリック（修辞法）です。

エミン 逆に実際に変えたら、世界が荒れる。でも、実際にはできません。中国にしても、ＢＲＩＣＳにしても、少なくともドルやアメリカへの依存は下げたい。ＢＲＩＣＳ諸国にはそのインセンティブ（目標を達成するための動機）はあります。

しかし、今すぐドルの覇権を変えようというのではなく、アメリカはどうするかわからなくて不安だから、アメリカドルへの依存を少し下げて、アメリカが弱体化すればいいみたいな。そうなれば、当然ながらその他の主要国の力が増えることになります。

アメリカの目論見が外れて、中国とロシアが急接近した

武者 今、ＢＲＩＣＳが勢いを増して、中国とかロシアとの間の決済で人民元が使われる

ことが多くなりました。今の時点では戦争経済だから、相対的にドルの決済比率が下がったりしています。ただ、それは本質的なドルの強さ、弱さとは関係がありません。そこでエミンさんの意見を聞きたいのですが、金《きん》がすごく強い理由は何なのでしょうか。

エミン　ゴールドの上昇はウクライナ戦争のインパクト、それにインフレという理由はありますが、何よりも、ロシアの海外資産が凍結されたことが原因だろうと思います。

凍結しただけではなく、G7やEUは、その一部を「ウクライナの復興に使う」と言っていました。加えて、ロシアの銀行はSWIFT（世界の1万1000以上の銀行が金融取引に関する情報を安全かつ標準的な方法でやり取りする仕組み）から外され、既存の金融システムをアメリカが武器に変えてしまった。私からすると、これは本当はやってはならない悪手でした。ご法度です。

なぜ、悪手かというと、当然ながらその他の国々はアメリカといつ仲たがいするかわからず、そのときに国際経済システムから外されたり、海外資産が凍結されたりするかもしれないと、疑心暗鬼になるからです。アングロサクソン世界が19世紀以降に大きく発展した背景には、権力に資本が取られないという安心感と自由主義が大きかったと思います。

武者　私的財産の究極の保護。それがやっぱり一番ですよね。

エミン　そうです。それが今回のウクライナ戦争で崩れたのが、ゴールドが大きく買われている背景でしょう。

武者　アメリカの狙いが外れたのは、まさか中国が、あそこまでロシアにコミットするとは予想していなかった点にあります。結局、ロシアは海外に対する支払い手段を奪われて、輸入もできない国になるかと思ったら、なんと中国が原油をたくさん買って、他方で人民元を与えました。

エミン　キルギスを迂回先にして、そのファンディング（資金調達）は中国から来たわけです。中国からキルギスへの輸出がすごく増えている。その多くはロシア向けです。要は、キルギスが迂回先に使われたのです。

武者　人民元経済圏によってロシアが生き延びることができたわけですね。

エミン　人民元でも、日本円でも、インドルピーでも、ドル以外の通貨で貿易したときの問題点はこれらの通貨はコンバーチブル（変換できる）ではないところにあります。たとえば、サウジアラビアが中国から1兆ドル分、人民元をもらいました、もしくはクレジット（後払い）の枠をもらいました、と仮定します。

サウジが中国と同等規模の貿易があれば問題はありません。中国から買うものがあればね。しかし、買うものがなくて、例えば1兆ドルの半分しかサウジは中国から買うものがなく、半分は別の買い物に使いたい。その場合に人民元は役に立ちません。そうなった場合には、ドル以外で何を使うか。結局、ゴールドを使う。もしくはゴールドに連動した何かが必要になってきます。

武者　その他の通貨は、最終的にはコンバーチブルできません。基軸通貨でないと難しい。

エミン　お金が支払われたとき、お互いにどうするんだとなってしまう。2カ国間の貿易は、同じ規模だったら別に物々交換でかまわないのです。もしくはクレジット決済して、最終的に年度末に合わせればいいだけの話です。

しかし、大きく差があったときの差額をどうするのかは大きな問題になる。結局、ドルで渡すかゴールドで渡すかとなる。イランに経済制裁が課されたとき、トルコはめちゃくちゃゴールドの輸入、輸出が増えました。理由はイランとの貿易でドルを渡せないから、ゴールドでやり取りしたからです。

武者　ドルへの不安が広がったというより、ドルの決済圏の範囲をアメリカが自ら狭めてしまったということです。ロシアを国際決済システムSWIFTから排除したJ・イエレン米財務長官の判断は正しくなかった、という専門家もけっこういます。

エミン　ロシアが悪いのは、みんな同意見ですが、財産没収という悪手を打つと国際秩序が乱れてしまいます。いわゆるドル覇権に不安が広がり、ＢＲＩＣＳを中心に別の方法を模索し始めたわけです。ゴールドの上昇にはそういう背景があるので、まだ上昇を続けるでしょうね。

武者　ＢＲＩＣＳもＢＲＩＣＳ通貨を膨らませたいだろうし、もしも中国経済のアメリカに対する強さが高まっていけばＢＲＩＣＳ通貨も広まるでしょうね。ただ、私は今がピークだと思います。

これから相対的に、ＢＲＩＣＳ経済はどんどん弱くなっていくと思っています。一時的にドルの使用できる領域が狭くなったので、その間隙に人民元決済とか金の利用も増えたけれど、ＢＲＩＣＳの経済のウェイトが低下していくと、また変わってくるのではないかなと思いますけどね。

エミン　中国とロシアの経済規模が縮小しても、その仲間が増えればトータルで増えます。最近だと、トルコがＢＲＩＣＳに加盟申請したり、結果的にいろんな国がオルタナティブ（代わりとなる新しい何か）を探したりしています。

アメリカの同盟国であっても、交渉のときのレバレッジ（交渉できる力）が欲しいので、選択肢を増やそうとしている流れがあります。中国がTPP(環太平洋パートナーシップ)に加盟しようとしているのと同じです。

武者　BRICSは脅威だと思いますか。

エミン　みんなが騒いでいるほどBRICSは脅威だと思いません。それはNATOやEU、つまり欧米の自由民主主義国家みたいに思想的にまとまった国同士ではないからです。

そもそも中国とインドは対立していますし、ロシアと中国は一時的に仲間になっていますが、歴史的に見るとすごく敵対してきました。そう考えると、そんなにまとまったものではありません。どちらかと言うと、オルタナティブ・アメリカン的な、アンチ・アメリカ的なところの印象はあります。

2025年、金の価格はどうなるか?

武者　金の価格がどうなるかという点ですが、これまで金は決済通貨としての意味合いとか、基軸通貨に対する代替的な手段としては、あまり考えられていませんでした。しかし今回のウクライナ戦争におけるＳＷＩＦＴからのロシアの排除によって重要な役割を果たしているわけです。

そのため金の価格がボーンと上がった。しかしながらそういう変化が、これからさらに続くかというとそうでもありません。金の相対的な上昇はいいところまで来ているというのが個人的な観測です。

エミン　私は、ゴールドは今後も上がると思っています。お金を刷り続けて、ゴールドが株をアウトパフォーム（上回る）するかどうかというところまできています。しかしながら、ゴールドは株をアウトパフォームする必要はありません。最終的にはインフレに負けなければいいのです。それはもともと、儲けるための商品ではなく、資産を保護するためのビークル（手段）だからです。

武者　ヘッジ（リスクを軽減する取引）手段ですね。

エミン　日本株に関して言うと、ここ10年間で実は金と日本株の上げ幅はほぼ同じです。その意味で日本株にはプレミアムはついていないのです。私が「日本株は割安だ」と主張する理由の一つは、それです。

ゴールドと日本株の上昇が同じぐらいですので、日本株の上昇は単なるインフレ調整です。日本株はもっと上がらないといけません。その理由はゴールドよりも、株のほうがリスクがあるからです。

武者　アメリカの経済政策はトランプになっても変わらない可能性が高いけれど、変わらなければトランプは期待外れという評価になるかもしれません。

エミン　約束したように不法移民を強制退去させて、そのときアメリカ経済がどうなるのかは見てみたい。移民がいなくなってアメリカの建設業、インフラ事業はどうなるのか。逆にそれをやらなければ、トランプは民主党と変わらないので期待外れでしょう。

不法移民対策に期待して、トランプが選ばれているわけです。2期目なので言い訳はできません。思いっきり暴れてもらって、トランプ主義の結果を見てみたいというのは個人的にはありますね。トランプ政権になり、アメリカ株の暴落リスクも高まったと思いますけどね。

武者　私は、アメリカの株はまだ下がらないと思います。上がり続ける可能性が高いと思います。値上がりのスピードは2024年がすごかったので、ちょっとブレーキが掛かるでしょうが……。

今、私が念頭に置いているのは、1995年頃。テキーラ・ショック（メキシコ通貨危機）の後のことです。あのときもすごく利上げしたあと、実質金利がずっと高い状態が何年も続きました。株価は当時のＦＲＢ議長のグリーンスパンが「根拠なき熱狂」と言うほどの熱狂ぶりでした。しかしそう言われながら、４年間も上がり続けたわけですよ。あれほどの大きな相場になるかどうかは別だけれど、金融的にはかなり似ています。

エミン　高金利を凌駕する、人々の強気度の高まりということですか。

武者　トランプが大失敗をやって経済がおかしくなれば、また話は別ですが、そうならなければ株価は、バブル的な色彩をどんどん強めながら、まだしばらく上がると思います。

エミン　少なくともトランプが実際に政権を取って、何かしら具体的な政策が動き出すまでは、時間を要します。現時点（２０２４年12月）では閣僚も決まっていませんし、トランプが選んだ人たちが上院に承認されるかどうかもわかりません。ただ、株に関しては結果的に大きく動いているＡＩ関連などは、完全にバブルテリトリーで、もはやファンダメンタルズなどは関係ない上げ方をしています。これがどこで剝落《はくらく》してくるか、という段階に思えます。

アメリカ株はそろそろ天井もしくは、かなり割高なことに間違いありません。でも結果的には、定価10万円の時計が、定価１００万円まで行くかもしれない。それが相場です。

天井と底値は誰にもわかりません。

武者　コロナのときのマスクと同じですね。

エミン　そうそう。ポイントは、定価10万円の時計が50万円で売っているときには、「これ本当は定価10万円ですよ、割高ですよ」と言っても、そこからさらに倍になる可能性があるということです。そのとき、「おまえが割高と言ったから、あの時計を買わなかったんだ。倍になったじゃないか」と言われても意味がありません。「それがバブルという現象です」としか答えようがありません。

武者　その見極めというのは、中央銀行の金融政策と、それに対する人々の対応、態度で決まってくると思うんですよ。利上げをしても利上げと同じスピードで人々の強気度が高まっていれば、いくら金利が上がってもこたえないわけですよね。でも人々の強気度があまり高くなくて、他方で利上げをしたら効いてきますよね。経済に対する人々の強気度とか、積極的なリスクテイクの意欲だとか、そういうものが高くなると利上げをしても大丈夫なわけですよ。

エミン　強い心持ちで高い金利になるのが一番いい。

武者　みんなが強気じゃなくなっているのに利上げを維持しなければいけなくなったり、

インフレ、ドルが弱くなる、あるいはアメリカの政策当局に信用がなくなる、そういうことが起こるとバランスを崩す。トランプがいろいろなことをやり始めて、持続性のある金融政策が続かないかもとか、そんな可能性もある。

そうなると、人々の不安心理が高まり、金利が上がるときに心理とマネーのギャップができる。そういう状態になると、危険なのです。

エミン 失業率もありますよね。

武者 いつ、そういう危険な状態に陥るかですが、要因はいろいろあります。物価、ドルの強さ、アメリカという国に対する全般的な信任、あと地政学的にアメリカが下手をやって、ウクライナだけではなくてアジアまで混乱するなどのケースも考えられます。

エミン 規制緩和や、予算カット、無駄をカットしましょうとなり、もし失業者が増えたら大きな影響が出ます。当然ながらサービス業にも影響を与えるし、消費にも影響を与えます。さらに失業率が増えて、インフレも下がらないみたいなことが起これば最悪でしょう。

現時点でアメリカの雇用はかなり強いので、消費欲もなかなか落ちていません。しかし、実際はアメリカの景気の先行指数は2年連続で悪化しています。ずっと悪化し続けています。

一方で遅行指数の個人消費や小売りは、まだまだ元気です。本来であればタイムラグを持って崩れるのだけれど、いい状態が長く続いて、まだ個人消費が持っているという現状はレアケースです。イールドカーブ（債権の利回りと償還期間の相関性を示すグラフ。通常は右肩上がりを描く）が逆転してから、その状態がものすごく長くて、ずっと逆転が続いています。先日、逆転が解消したと思ったら、また逆転しています。どうしてアメリカの景気がここまで持ちこたえているのか、簡単には説明できない状況ではあるのですが。

アメリカ国民はインフレも、金利上昇もこたえていない

武者　アメリカは今までの相関が完全に崩れていますね。

エミン　ＦＲＢが優秀というだけでは説明できません。

武者　もちろん優秀であるのはそうだけれど、たとえば、資本のコストと資本のリターンで逆ザヤになれば通常は投資をやめます。逆イールドというのは、資本のコストとリターンの関係が逆転しているわけです。普通の商業銀行だったら、利ザヤがマイナスになる。

しかしながら、それで大丈夫だというのは、金融システムが変化しているという要素もありますが、人々が金利上昇にこたえていないわけです。

「金利が上がったから大変だ」と、株も売るし、消費は減るし、家も買えない。そうなっていないのです。金利に対する感応度が弱くなっているのです。

エミン　新規住宅販売は1995年以来の低水準です。これは、ある意味当たり前で、今ローンを組むと30年ローンで7％以上。それにアメリカ人はリーマン・ショックで痛い経験をしているので、変動金利は組みません。ほぼ固定です。

いま固定金利でローンを組んでいる人たちのほとんどは2％から2・5％で金利を固定させています。当然ながら、その人たちは7％で家を買い替えたりはしません。住宅関連事業はアメリカにとってすごく重要なセクターの一つで、こんな高金利状態が続いて、本当は響かないはずがありません。

武者　理由の一つは、アメリカの住宅が構造的に足りないからです。リーマン・ショック以降、住宅の供給がずっと減ったので、空き室率がどんどん減っています。最近になると若い人たちも次々独立して世帯を持っています。だから、アメリカの家賃は激しく上がっているわけです。

連動して住宅価格も上がっているので、金利が上がっても、家賃の上昇や住宅価格の上昇で、投資のコストとリターンとの関係に、想定されていたほどの大きなマイナスの関係が出てきてないということでしょう。ただアメリカの住宅は非常に特殊な財で、株のようにクリアカット（明快）にコストとリターンで動く要素以外のものがあります。アメリカは基本的に住宅不足状態なので、これだけ金利が上がっても、そこまで売れなくなるということがないのです。

エミン　移民が増えているから住宅が足りない、という面もあります。移民を本当に減らしたら、住宅問題は解決して、逆に住宅価格の下落につながる可能性もなきにしもあらずでしょう。

結局、不法移民がこの4年間でめちゃめちゃ増えたのは、普通のビザが取りにくくなったからです。中国人は今、観光ビザもなかなか取れません。トルコ人は簡単に取れたのが、今は取れなくなってしまいました。だから、山越えしたり川を泳いだりして入国する人が増えました。

武者　トルコ人に対しても、アメリカはビザ取得が厳格化したのですね。

エミン　不法移民問題は確かにトランプ側が騒ぐほどの問題なのかもしれないのです。ただ、激増したのは、アメリカが移民を受け入れなくなったことも原因です。
ある程度は移民がいないと回らないけれど、ＡＩの発展と無人化で、昔ほど大量に必要なわけではありません。トランプ側はそれに気づいているので問題視しているはず。民主党側も同じだと思います。

武者　白人の割合がいずれマイノリティになるわけだから、移民を増やす必要はないですよ。アメリカの人々のメンタリティを考えれば、もう入ってきてほしくないでしょう。

エミン　いろいろなものを無人化して、省人化していけば、人は逆に余る。余った人たちに対して今度は逆にコストが掛かる。
国が、医療やベーシックインカム的なものを提供することが必要になってくる。そう考えると欧米諸国がもう移民は要らないという結論を出しているのは、合理的な判断かもしれません。

武者　工場を建築して人を雇うという、昔の経済と違うわけです。人間が増えないと需要が増えないわけでなく、需要は人間が増えなくても生活水準を高めれば増えます。

エミン　おっしゃる通りです。

武者　需要のために人が必要というのは、本末転倒した議論です。ただ、デモグラフィ（人口統計学）で、老人ではなくて若い人が欲しいのはわかります。けれど、それは移民に対する政策とは別の問題です。そういう意味で、労働力として、あるいは需要として人口が増えなくてはいけないという議論は、もう過去の話だと思っています。

エミン　秩序を持って、その国に移民が来ているわけではありません。この10年間は留学とか仕事探しとかと違っています。山越え、川越えをしているわけだから。

まったくの無秩序で、もう我慢の限界でしょう。日本は幸いなことに不法移民問題は起きてはいないけれど、ヨーロッパも右派に動いているならば、もう来るな！　という動きは激しくなるかもしれません。

武者　お金を払うから、帰ってくれ、という国もあります。

エミン　それは、そう。例えば北朝鮮人が船で寄ってきて、数万人がバーッと東京都内に入ってきて、治安が不安化したら、さすがの日本人も怒るでしょう。

武者　中国とか北朝鮮がずっと安定しているとは思えないので、日本もいずれそうなるでしょうね。人口は向こうのほうが遥かに多いわけですし。

エミン　その人たちがボートに乗って日本に押し寄せたら大変なことになります。アメリカでは、もっと強く、その人たちを追い出すというか、銃を使ってでもいいから引き返させろみたいな、そんな意見が増えています。

武者　移民問題は、先進国で与党が大幅に負けた理由の一つでもあるかもしれません。

エミン　移民問題による不満は確かですが、幅広くどこでも右派でも左派でも与党が負けているということは、全体的には経済的な理由が大きいと思います。でなければイギリス人の票が労働党には回りません。保守党のスナク首相のように反移民的な政権から、移民を許容する労働党に変わった。イギリスの場合は、明らかに経済的な要因でしょう。

先進国だけではなく、新興国の中でもすごく不満が溜まっていて、トルコの場合はシリア難民が来たり、アフガン難民が来たりとかしている。

武者　今は本当に反移民センチメントが高い。

エミン　トルコは先進国でもないのに、反難民センチメントが起こっているということは一種の世界的な動きになっている証《あかし》ですね。そうなると、国々がそれぞれ移動を難しくしたり、国境を強化したり、グローバル化に逆回転をかける。我々は大きな流れの真っただ中かもしれません。

第5章

2025年に伸びるセクターは何か?

2025年は消費が増え、内需主導で株が上がる

武者　円安のJカーブ効果のプラス要素がいろいろなところで出てきています。円安によって物価が上がりましたが、すでに円安はそんなには進んでいません。前年比で見ると円安は進行していませんから、物価上昇もかなり鈍化しています。

他方で、かつての円安の場面で賃上げが進行して、実質賃金がかなりプラスになり始めています。過去10年間、日本の実質消費はずっと低迷し続けてきましたが、2025年は、10年ぶりに消費が本格的によくなる年になるでしょうね。

エミン　消費はGDPの6割近くを占めるので、内需で好循環をもたらすことが経済にとっては不可欠です。

武者　それにプラスして、インバウンドが非常に活発です。消費とインバウンドは共に内需セクターを大きく押し上げていきます。そういう理由で従来なかった国内需要の好循環が、いろいろなところで見られるはずです。

特に顕著なのはインバウンドの恩恵を受け、宿泊業や飲食など、サービス関係の需要が非常に強いことです。供給力が足りなくなって、建設も非常に活発化しています。こういった内需関連の消費、投資、生産、需要の連鎖的増加という好循環が起きるのは、バブル崩壊以降ありませんでした。そういう意味で非常に内需が明るい年になる。これが２０２５年の一つの重要な柱だと思います。

エミン　そして、米中対立が激しくなりますね。

武者　そう、二つ目の柱は米中対立。具体的にいうと、中国に集中しているサプライチェーンを安全なところに移すということになります。アメリカにとって最も信頼感のある安全な生産拠点は日本です。

ですから、中国から日本へ。いわゆる最先端、ハイテク製造業の日本へのシフトがますます活発になるはずです。そのきっかけは今稼働が始まったＴＳＭＣの熊本工場で、ハイテク生産の好循環も起こることになります。この二つが特に強調したい２０２５年の注目ポイントですね。

エミン　『会社四季報』に業種別の増収増益率が出ています。３カ月ごとにアップデートされます。四季報から読み取れるのは製造業、特に２０２４年秋号では輸送用機器が今期増益だったのが減益に転じています。これが一つ。

非製造業の小売りも12・9％の増益だったのが、今回5・4％の増益に減少しています。今期予想となると3月締めなので、減益が先に株価に織り込まれて頭が重かった可能性があります。

特に自動車産業は日産の業績悪化でかなりダメージを受けて、少々日経平均の頭を押さえていたところもあります。中国向けの輸出も減っています。昔のように円安が進めば株が上がるような構図ではなくなってきたと言えるでしょう。

武者　エミンさんは最新の四季報で、どこに注目していますか。

エミン　今回面白かったのは、まず倉庫・運輸、これがすごくいい。今期予想が4・5％増益から来期は7・9％に増えます。一方、売り上げは今期5・1％増収から、来期は4・3％に減っています。つまり減収増益になっている。

減収増益は基本的には、すごくいいパターンです。だから、倉庫・運輸関係の株価は全体的に上昇しているということです。また、倉庫準大手のヤマタネは、わりと小さな会社ですが、株価は2024年に入って1・5倍以上になっています。米の卸売りもやっていて、小売価格が上がっていることが理由でしょう。あとは三菱倉庫、三井倉庫もめちゃくちゃ株価が上がっています。

武者　倉庫・運輸が調子がいいということは、国内でモノが動きだしているということですね。

エミン　そうです。モノが動きだしている。株価は先行指数です。だから、株の動向から私も2025年は内需が動きだすと思っていて、その先行指数として、ロジスティックス（モノの流れ）が動きだしているわけです。

武者　運輸は2024年問題、つまりトラックの運転手の労働時間の短縮規制があり、稼働は下がりました。だから、道路が混んで物流も混んで、倉庫のスペースが足りなくなったという可能性がありますね。

エミン　それと7～9月から個人消費が少し伸びてきました。たとえば象徴的なのは12月の忘年会の回数が23年に比べると、10％増です。ディズニーランド、ディズニーリゾートは12％増、三越伊勢丹も10％増、大きいデパートは軒並み10％を超えて増えています。

何が起きているかというと、アパレルや飲食、レジャーが上昇傾向にあって、プチ贅沢のニーズが高まったり、高級バッグとか靴が売れたりしているのです。一方で、耐久消費財が苦戦して、自動車は前年同期比で12月は7％減。だからディーラーは今値下げ合戦をやっています。

2025年の日本経済や株式相場は輸出より、内需が牽引するはずです。あと注目は公益セクターである電気、ガス、この領域も買われやすいでしょう。

武者 内需の活動が始まったということになりますね。

エミン そういうことです。では、どうしてそれが起こったかというと、春闘で賃上げをし、夏のボーナスもよく、2024年6月の実質賃金が27カ月ぶりにプラスに転換しました。さらに12月のボーナスがよくて、それらの影響があって消費が盛り上がっているのです。

日本はバブル崩壊後、こういう賃上げとか好循環を経験していません。そういう意味で、2025年は、内需主導で動く可能性があると思っています。

武者 日経平均はスタンダード市場の株が動きだしています。

エミン 来年のテーマは内需関連、小売り、アパレル、飲食。それと、レジャー、空運、宿泊。あとは倉庫・運輸、このあたりのセクターが注目でしょう。それと全般的には金利上昇期待が続いているので、銀行株もいいでしょう。夏の暴落からは回復しています。

武者 今は中小企業も賃上げを検討しています。

エミン ゴム製品とか輸送機器は今期業績として下方修正はされているけれど、来期の伸び率は悪くはないので、業績回復に期待です。２０２５年は少なくとも夏、秋までは、内需主導で動くでしょう。

それと感覚的に２０２５年は日経平均のアップサイド（上振れする可能性）より、セクターローテーションが起きるのでは、と思っています。今まで株価が上がらなかった企業が上がるなどです。だから、日経平均全体が大きく上がるとは思っていません。

武者　日経平均は大きなお金で動きます。そういう国内の景況感を反映したセクター別のパフォーマンスとともに、外国人が日本株を相当に買いに来る可能性が高い。私は日経平均のアップサイドはあり得ると思っていますけどね。

エミン　私もうまくいけば10％程度アップの４万５０００円くらいまでは見ていますが、５万円には届かないだろうという予想です。そこまで強気には見ていません。私が長期的にいつも言っているのは「２０５０年に30万円になります」ということ。毎年10％ずつ上がれば、もう楽々30万円に到達します。

武者　国内でお金が動けば、個人の生活実感がかなりよくなります。これまでは企業の儲けとか、あるいは株価とか、個人の生活とは関係ないところで潤っていましたが、これからはみんなの生活実感も改善していく。バブル崩壊後、30年間なかった明るい雰囲気が出てくるでしょうね。

エミン　日本人のマインドが、デフレからインフレにシフトしつつある。まだ100%シフトはしてないけれども、これから給料は上がっていく。しかし、物の値段も上がっていく。だから、買い物したければ早く買い物したほうがいいみたいな、そういうような流れになってくるでしょう。

2025年に注目すべきセクターは？

エミン　やはり、2025年は防衛や安全保障関連でしょう。これは戦車をつくっているとか、戦闘機をつくっているとか、そういう話ではなく、もっと全般的に造船業とか鉄鋼業とか、です。アメリカは中国に造船業はすべて持っていかれているので、安全保障上問題視しています。日本にとっても他人事ではなく、日本の造船業を守らなければなりません。

それと農業です。日本は食料自給自足率を上げなくてはいけなくて、農業、水産関連はすべて防衛関連、安全保障関連の産業だと思っています。また、来期業績が意識されるタイミングなので来期業績の回復度が大きい空運、鉄鋼、ゴム製品、ガラス・土石も注目です。

武者　それと、サイバーセキュリティでしょうか。

エミン　２０２４年12月26日に、ＪＡＬがサイバー攻撃を受けました。サイバーセキュリティに関しては、日本はまだまだ弱い分野です。そのような事件が今後も起こりかねない。サイバーセキュリティ関連の銘柄はかなり割安で、全然上がっていません。おそらく、まだサイバーセキュリティの重要性が理解されていないのだろうという気がしています。ですからこれからますます、防衛、安全保障から日本を見て、いい企業、いい銘柄は物色されやすいと思います。

武者　逆に、２０２５年に大きくマイナスになるようなセクターは見当たりませんね。

エミン　現在、苦戦しているのは自動車と、あとは機械、精密機器。それと化学も少し苦戦はしています。

武者　内需がよくなるので金融の業績も伸びています。

エミン　銀行は地銀も含めて、ほとんどパフォーマンスがいい。やはりみんなが金利は上がると思っているので、株価はもっと伸びていくでしょう。電気製品や精密機器は業績的にも、株価的にも少し厳しい。まだ株価が反発するきっかけがありません。あと半導体も意外に減速しています。

武者　半導体は中国が相当失速しています。中国はEVとかソーラーとか、本当に限られたものだけで引っ張っていて、輸出もダメだし内需も低調です。中国ビジネスに対する依存度の高い産業は、現在は苦しい。

エミン　中国との関わりが分かれ目になっていて、鉄鋼でもすごく業績がいいところと、ダメなところの明暗が分かれています。

武者　以前は、同じ業種だったらどの会社も同じように株価が動いていましたが、現在はそうはなっていません。外国人がインデックスで買うと、大型株を中心にすべてのセクターが同じように動くことがありますが、今、外国人が過去2年間に買ったものを全部、現物と先物を合わせて売り越しているのでセクターでは動いていません。

エミン　外国人は5兆円くらい売り越しています。

武者　結局、外国人のインデックス買いが完全に裏目に出ているのです。全体として外国人の売り越しが、日経225の頭を押さえています。それでも持ちこたえているのは企業の自社株買いが活発だからでしょう。

エミン　外国人の日本株買いは、まだこれからの話ですよね。

武者　外国人の日本株買いは来年以降、しばらく経つと見えてきます。まだ不明瞭なのはトランプが何をするかわからないということです。関税が上がったり、あるいは通商規制みたいなことを同盟国に対してもやったりしかねない。そういう恐怖があって、なかなか、日本株に手が出ていないのが現状でしょう。

ただ、あと半年もして、トランプ政権がまともな政権だとわかれば、日本株の状況は変わってきます。トランプがやりたいことは世界の資本主義を強くすること。そのために日本はアメリカにとって非常に重要なフレンドだということになれば、流れは変わります。フレンドショアリング（同盟国や友好国など信頼関係にある国に限定したサプライチェーンを構築すること）と言います。

エミン　日本の優れたポジションがはっきりするのはトランプ政権が始まって、しばらく経ってからでしょうね。

武者　世界全体の国際分業を見ると、インターネットプラットフォーマーとか、ＡＩとか、デジタルの最先端はもうアメリカの独壇場。みんなアメリカから買わざるを得ない。では、ハイエンドの製造業はどこかというと、これは東アジアの４カ国になる。そのうち３カ国は中国、台湾、韓国です。中国は言うまでもなく、台湾も韓国も地政学的には非常に不安定な場所です。
ＴＳＭＣの生産はほぼ１００％台湾でやっていて、世界最先端の２ナノ半導体のＴＳＭＣのシェアはほぼ１００％近い。ちょっとカテゴリーを変えても、７割はＴＳＭＣです。最先端の半導体はもう台湾でしかつくっていないということになると、万が一、台湾に中国からミサイルが飛んでくれば、直ちにサプライチェーンが遮断されます。あらゆる機器は生産できなくなります。

エミン トランプはそのリスクを一刻も早く取り除くべきだと思っているはずです。

武者 半導体の生産をもっと安全なところにシフトするとなると、日本に白羽の矢が立ってくるわけです。ＴＳＭＣの場合は日本の他だとアリゾナになってきます。ドイツでも生産計画がありますが、アメリカやドイツと比べると、日本の工場の立ち上がりとかターンオーバー（生産サイクル）は、もう急速に向上しています。
そういう意味で、日本を生産拠点とする強みが再びクローズアップされる要素がありますす。それから政治的な安定性という点では、石破政権になっても、実際には大きな政策の枠組みは変わっていないので安定しています。

エミン 他のヨーロッパ諸国とか韓国と比べると、安定性があります。全然違いますね。

武者　そういう日本に外国人投資家は関心を強めるはずです。

企業経営者は、やっと株価上昇のために動きだした

武者　もう一つ、忘れてはいけないのは第1章でも述べましたM&Aブームです。セブン&アイに対するACT（アリマンタシォン・クシュタール）の買収提案。それから、ホンダと日産の統合の話も、そもそも鴻海《ホンハイ》が、日産に関心を示したことから起こっています。もちろん、これからどうなるのかはわかりませんが（2025年2月に統合交渉は一度破談になった）。そしてニデックが牧野フライス製作所に敵対的な買収提案をしました。日本が自由に企業を買収できる国になったことは、企業経営者にものすごく大きなプレッシャーを与えています。

今までは、社長の上司は誰もいませんでした。だから、社長は自分の延命のためにやりたい放題やってよかったわけです。ところがコーポレート・ガバナンス改革によって、経営者は株主をはじめとしたステークホルダーの僕《しもべ》になるように定められました。さらに

は問題がある企業はペナルティが与えられるようになりました。そこに持ってきて海外企業などからの買収提案です。今は増配とか、自社株買い、株主還元がものすごい勢いで増えています。M&Aの可能性が増えているので、行わざるを得なくなっているのです。

エミン　30年前にアメリカで起こったような変化ですね。

武者　30年前からアメリカで企業のペイアウト（株主還元）の意識が高まって、株価が上昇し、経済の好循環が株価上昇とともに起こるという時代に突入しました。今の日本はまさしく30年前のアメリカと本当によく似た状況にあります。いわゆるプライベート・エクイティ（企業への投資）やM&Aを考えている人は日本に期待をしているわけです。

そういう動きはポートフォリオ・インベスター（ポートフォリオで投資する投資家）に影響していきます。これからは日本株のポジションを上げておかないと、世界のパフォーマンス競争に勝てないでしょう。

昔だったらニデックと牧野フライスも、買収しようとするニデックが悪役にされたでしょう。しかしながら、今はそんなことはありません。M&Aに対する意識が本当に劇的に変化しました。

エミン　工場の空調工事とか電気設備工事関連もすごく株価が上がっています。設備投資が増えていることが、株価に影響を及ぼしている可能性があります。サプライチェーンの日本回帰はまだ始まったばかりなので、いい流れが来ています。

武者　今まで日本ではいったん製造業が死んでいました。円安になっても、基盤がほぼゼロなので、立ち上がりに相当時間がかかります。けれども、円安になって、もう２年が経ちました。また、米中対立で日本にサプライチェーンが戻るということが、まず間違いなく起こるという確信をみんなが持ち始めています。

エミン　その変化は相当大きな流れになってきます。

武者　建設だと空調関係がまず一番動きやすいのですが、もう少し大きなもので言えば、日本におけるデータセンターの建設とかそういうものが出てくるので、建設セクターも注目点です。

エミン　エンジニアリングはほとんど株価が上がっています。唯一、日揮ホールディングスだけが調子が悪い。今、狙い目かもしれません。日本はいろいろなセクターが少しずつ動きだして、先行指数的なものも動きだしています。まったく悲観する状況ではないし、むしろ、ポジティブに見るべきでしょう。

外国人が5兆円売り越したのに、日経平均は4万円前後

エミン　日本株を外国人が5兆円売っているのに日経平均は4万円前後です。これは本当に大きなポイントです（2024年の日本株式市場では、海外投資家による現物株と株価指数先物を合わせた売り越しが5兆円を超えた。特に5月半ば以降、それまでの5兆円弱の買い越しから一気に売りに転換した）。

武者　しかも、日銀はまったく買っていません。

エミン　今の状況で外国人が買いに来たら大変なことになります。どのタイミングかはわからないけれど、2025年ではないにしても2026年は買いに来るとは思います。

武者　そうなるでしょうね。今は割高になったアメリカから、割安であり利下げも期待できるヨーロッパに国際投資家の関心が向かっています。しかし政治の混乱と対中対露親和政策で躓《つまず》いた欧州経済と企業業績は不振です。ファンダメンタルズは日本のほうがはるかに魅力的です。

エミン　もともと、日本株に期待している外国人投資家の日本企業の事業計画への期待は、海外への成長も考慮したものです。つまり、グローバルでいろいろやっている輸出入企業が多いので、トップライン（売上高）の伸びを見てというのもあります。

また、コーポレート・ガバナンス改革により財務がすごくよくなってきたので、少しずつ利益率もよくなっています。第2章でも述べましたが、コーポレート・ガバナンスの改革が始まったのは２０１３年。アベノミクスと共に始まって、最初の10年の２０２３年までが第１ステージと言われています。この10年間で、いわゆる監査とか会計の透明性を高めました。多くの企業は外部から社外取締役を集めたりして、改善を積極的にやりました。そして、もう一つ、株式の持ち合い解消を進めました。

武者　２０２３年からが第２ステージですね。

エミン　第２ステージは株価対策です。企業に「ＰＢＲ１倍割れはみっともないから、直せ」と言い出して、ＰＢＲ１倍割れに対する改善が始まりました。多くの企業は自社株買いを始めて、配当を増やしました。積極的に株主還元をやって、ＰＢＲ１倍割れの改善は進みました。

次はＲＯＥ（自己資本利益率）の改善です。ＲＯＥの改善を公表しているトヨタだけでなく、さまざまな企業がROEを高めることを目標にしています。

武者　ROEとは何かというと、純利益を自己資本で割った数値です。つまり、持っている自己資本に対して、どれだけ儲けを出しているかの指標になります。

エミン　これがS&P500だと、ROEの平均は20％。日本はまだ1桁台の8％です。先日、トヨタが「ROEを20％に増やします」と言ったのは別にすごいことではなく、「アメリカのS&P500の企業の平均並みになりますよ」と言っているに過ぎません。普通のことなのです。でも、本当にROEがその水準になったら、株価は今の2倍くらいにはなります。日本株のROEがもしアメリカ並みになったら、それだけで日経平均は10万円になります。もちろん、それは徐々に起きるでしょう。簡単には達成できません。

どうして簡単ではないかというと、ROEは分子もあって分母もあるからです。つまり、利益を増やすか、自己資本を減らすかで数値を上げていくわけです。おそらく日本企業は、どちらもやると思います。自己資本を少し減らして、利益を増やす。しかし慎重にやらないと買収されたりして、企業が食われてしまいます。一番いい防衛のメカニズムは株価を上げることです。そうすれば、簡単に買われなくなります。だから企業はそのために努力をするわけです。

武者　日本のＲＯＥの低さの大きな理由は、資本のコストとリターンの認識が日本の経営者にはほとんどないことです。

その認識がないとストップウォッチなしに走って、競争しているようなものです。自分たちが思い思いの基準で自ら評価するだけで、客観的な評価になってないわけです。しかし、資本コストに基づいたリターンの競争になると、投下資本をどうするか、バランスシートをどうするか、結果としてどのようなリターンを株主に返すかという、全体のサイクルのマネジメントが必要になってきます。

エミン　日本は自己資本比率が高いのです。平均42％、もうダントツに高い。

武者　つまり、企業経営者は自らの非常に効率の悪いマネジメントを差し置いて、潰れないようにするために異常な財務クッションというか、不必要な布団をたくさん敷いて、どんなことがあっても倒れないようにして、保身を図っているわけです。

エミン　それは株主の立場から見れば、大事なお金がまったく有効に使われずに遊んでいるということになります。

武者　この問題を強く投げかけたのは１９８０年代のアメリカの金融市場改革です。ＫＫＲがナビスコを買収したのが１９８８年。あのときはまだアメリカの企業も日本の今の経営者と同様に、財務的なパフォーマンスに対する意識が高くありませんでした。

しかしＫＫＲのヘンリー・クラビスのような人々は「もっと努力すれば株主の利益が大きくなる、それが経営者の責任でしょう」ということで買収ブームを起こしたわけです。その結果、現在のアメリカ企業のペイアウトというか、利益の総還元率は8割になっています。多い企業は１００％あるわけです。

つまり、企業経営者は儲けて、その儲けをほぼ丸々株主に返すのが役割であって、自分の懐に貯め込むことは経営者の本来の役割ではないということになったのです。

株式市場で企業が一つの金融主体としてパフォーム（活動を行う）するようになったわけですよ。だから、配当政策だとか、自社株買いを含めた還元は、企業経営の当然の職務になったわけですね。

エミン　日本の場合は金融庁とか東証の強いプレッシャーを受けて、嫌々ながら株主還元を始めました。その感覚はアメリカと比べるとまだまだ遅れています。

武者　遅れているうちに会社が乗っ取られて、経営者も追放されるという時代です。つまり、保身のためにも会社が変わらざるを得ないわけです。それがコーポレート・ガバナンスの改革という、日本が主体的に行った改革の一つです。

もう一つは、グローバルな資本の力が日本に来ていることです。それはコーポレート・ガバナンス改革とか、株主企業経営の株価本位のマネジメントという変化で大きく伸びる要素は、日本に最も多いからです。

たとえば、4割ある自己資本率が2割になれば、ROEはすぐに2倍になる。8%が16%になるわけです。つまり日本は、企業経営の改革を目指す買収ファンドにとって肥沃な、未開の沃野《よくや》という、手が付いていないけれども、向上する種がまだたくさんある。ならば、日本の企業を買収して良くしようとか、あるいはTOB（株式公開買付）をかけて、良くなることを織り込んだ株価形成をやろうとか、そういう動きも出てくる。

そういう意味で、日本のコーポレート・ガバナンス改革から始まった、株式のバリュエーションの変化が起こる。こういういい条件が備わっているというのは、2025年の日本の株式市場の注目ポイントです。

エミン　今は転換点で誰もがインフレを感じています。本来、地銀とか銀行株はあまり動かないのでつまらないと感じる投資家が多い。しかし、最近は動きだしていて面白い。

たとえば、八十二銀行、これは長野県の地銀です。

八十二銀行は2026年4月から大卒総合職の初任給を28万円に引き上げます。どうして上げるのかというと、金利上昇で利ザヤ商売が儲かるようになって、さらにクラウドファンディングを利用して地域復興を行っており、人手が必要なのです。さらに営業展開するには新入社員にそのくらいの金額を出さなくてはいけない、ということでしょう。

武者 九州の地銀は軒並み上がっているのではないですか。

エミン 九州・沖縄地銀の12行と山口銀行が半導体の日本と台湾の協業に参加しますので、株価も軒並み動きだしています。金融が動きだしているのは先行指数です。まずお金が動かないと何事も始まりません。その地域、地方の製造業が復興しないと地域の再生はありません。それが今動きだしているのは、まさに経済が活性化する前段階なのです。

武者 TSMCに政府が1兆2000億円もお金を出すことを決めています。第1期だけで4700億円くらい出しています。加えて、ラピダスにも「累計5兆円程度を出す」と言っています。これは、もう必ず動くことが決まっているお金です。

そのすべてが実際のモノに変われば雇用が生まれ、実際に生産が始まれば物流も起こる。現在、日本にはものすごく大きな変化が起きているのです。こういうことは、本当に過去30年間、日本人がまったく忘れていたことです。

エミン 今まで企業は利益を貯め込んでいました。節約しようとか、内部留保を貯めるというのはバブルのトラウマです。バブルのときにたくさん投資を行って、それが不良債権化してしまった。それがトラウマとなり、貸し出し先が倒れるかもという恐怖感で、お金を分厚く貯めて、保身を続けた。その結果、何が起きたかというと、丸々プクプクと太った。海外のオオカミからすると、いい餌になったということです。

　買収価格より、現金同等物のほうが多いみたいな太った企業はどんどん狙われる。早い段階で株価対策をして、株価を上げていかないと大変なことになります。Ｍ＆Ａや設備投資をしてお金を使い果たすか、株価を上げるか、どちらかの選択を迫られていると言ってもいいかもしれません。

武者　だから、多くの経営者が危機を感じて、重い腰を上げたというのが現状です。

エミン　あとは為替安、つまり通貨安で内需がやられた部分がありました。長年、値上げをしてはいけないという思い込みがあったけれども、輸入コストが増えれば、それはそのまま転嫁させればいいのに、今まではできなかった。２０２４年にその意識が変わって、どの企業もガンガンと値上げをするようになった。

武者　通貨安のインパクトでした。値上げの抵抗力がなくなりました。

エミン　当然ながら、まだプライス・センシティビティ（価格感応度）はあります。日本人のバリュー志向は強い。
ただ、昔ほどではありません。消費行動は少しずつ変わってきています。デパートの売り上げは軒並み上がっていますし、プチ贅沢が増えています。まだ賃金上昇も途中ですが、日本は近いうちにまず新入社員の給料が30万円くらいになります。賃金は若い人のほうが上がっていきます。理由は、そうしないと人が入ってこないからです。そういう時代に入ってきています。

四季報から注目のセクターを探す

エミン　日本のインフレが経済にマイナスが少ないのは、不動産価格は上がっていますが、家賃が上がっていないことです。家賃は逆にリーマン・ショックのときも下がらなかったし、ずっと安定しています。

武者　石油などのエネルギーや国際商品と同様に、賃金や家賃も国際的には一物一価の法則で動いています。同じ生産性の労働賃金、同じ生産性の不動産は世界中同じ値段に収《しゅう》斂《れん》するのです。しかし仮に通貨が2倍になってしまえば、その国の賃金や不動産家賃は世界水準の2倍に跳ね上がってしまいます。となると今度は通貨高の国において、国際水準に向かって賃金や不動産家賃が低下していくのです。賃金の引き下げが無理だとすれば、残業カットとか正規雇用から臨時雇用へのシフト等が打ち出されます。そして時間をかけてよその国の賃金や家賃がインフレで追いついてくるのを待つのです。

そんなことにより日本においては過去30年もの間、賃金も家賃がまったく上がりませんでした。かつて円高の過程で、一時的に日本の家賃とか給料が、世界基準の2倍くらいになった。その結果として2倍の家賃が、他の国のレベルになるまでずっと上がらなかったわけです。しかし今は１ドル１００円から１５０円の円安により日本の賃金も家賃も国際水準と比べて大きく割安になっています。これからその反動は来ます。家賃はすぐに上がってくると思います。

これからの内需の一角として、不動産もまだまだ期待できます。不動産価格はかなり上昇し、加えて金利も上がりました。だから、リート（ＲＥＩＴ）なんて買えませんというのが、今の状況です。しかしながら、２０２５年以降は賃料が上がります。全般的な物価上昇の中で家賃の値上げに対する抵抗力もなくなるということと、需要も強いのでインフレの中で家賃が現状維持ということはないでしょう。

エミン　不動産は本当にピンキリなので、全体としてのトレンドはまだ見えてきません。土地はいい場所と悪い場所が二極化しています。不動産は2年前とか3年前まで一律に上がっていましたが、2024年4月あたりからマネーサプライの増加が頭打ちになり、利上げも重なって、不動産価格という意味では天井を打った可能性があります。

しかしながら武者さんがおっしゃるようにこれから家賃が上昇したりする可能性があります。まだ動きは止まっていません。ただ、不動産関連の株価自体はここ半年ぐらい冴えていません。

武者　日本は全体的には明るい見通しですが、四季報ではどうでしょうか。

エミン　増収、増益率のベースでいうと、今期（2025年3月期）の営業増益率は3カ月前に9・2%だったのが、2024年12月現在、11・6%になっています。全体としては悪くありません。業績はしっかりしているので、全体の水準は切り上がっています。ただし、全部買っていいかというと少し違います。それはセクターによっても異なりますし、同じセクターでも、個々で見ていかないと良い企業と悪い企業があるからです。

武者　中小型株はどうでしょうか。

エミン　中小型の東証グロース株はまだ厳しい状態ですが、内需の復活と共に物色が始まるかもしれません。また、スタンダード市場は2025年に買われる気がします。これまでも述べましたが、特に内需関連が注目です。四季報を見てみると、スタンダードが一番調子がいい。今期予想の増収率は4・3％で、来期は5・5％の増収予想、営業利益は今期が6・2％増益で、来期は16・5％増益です。今期から来期にかけての増収、増益率の幅が大きい。

それに比べると東証プライムは今期の4・1％から、来期は3・6％増収に減ります。増益率も今期11・6％から、来期は6・8％に減少するので数字的には東証スタンダードのほうがいい。グロースとなると、本当にものすごくミクロな企業も入ってきます。そこまで株価が上がることはないと思いますが、時価総額300億円以上の内需関連株は買われる可能性があります。

武者　30年前のアメリカ株と同じで、日本株はこれから大きく伸びるための準備段階というか、動きだした初動でしょう。要するに4万円台に乗せたことが初動になります。大きな動きはこれからです。

エミン　日本株はPER（株価収益率）が16倍くらい。益回りが6％程度でしょう。長期金利が上がったと言っても1・3%、まだまだ大きなギャップがあります。

武者　ギャップがあるのは、誰かが儲かっているわけです。ほぼ1%とか無料に等しい資金を使って、企業は6%の利益を上げています。そのリターンのさやを誰かが抜いているわけです。それは許さないということで、すでに話題になった乗っ取りやプライベートエクイティとか、ファンドが出てきて買収にチャレンジしています。この利ザヤは株を買うためのリスクプレミアム（投資家がリスクを取ることに対して期待する追加的なリターン）と言っていいでしょう。

エミン　日本株は、株を買うためのリスクプレミアムが高い。

武者　みんな怖がって、リスクを取りません。しかし、リスクを取りさえすればプレミアムが非常に高いので、すごく儲かります。その環境は、日経平均が市場最高値になっても、まだ全然変わっていません。こんなに資本のコストとリターンとの間にギャップが大きくある国は、あまりありません。

それは日本の金利の低さは国内の過剰貯蓄と、人々はお金がいくらあっても投資をしないメンタリティによってもたらされています。日本株には長い目で見ると、すごく大きなアービトラージ（裁定取引）のチャンスがあるのです。

第6章

アメリカ株のバブルと日本株の将来

日中の金利差は歴史的な水準に縮小した

エミン　もう一つ面白いのは現在、中国の10年国債金利は1・6％で、日本が1・3％です。こんなに中国と日本の差が小さくなったことは前代未聞の状況です。金利水準は間もなく日本が中国を抜くと思います。日本と中国が逆転する、ということです。要するに日本の30年間のデフレが終わり、これから中国がそのステージに入っていく。そういうふうに思っていただくとわかりやすい。

武者　日本の不動産価格はピークからボトムまで8割下がりました。しかし、中国は不動産価格をコントロールしているので、新築・中古を平均すればまだ2割も下がっていません。一定の価格をキープするために、販売を抑えているわけです。その分だけ不動産の流動性は下がり、取引がなくなり、いつまで経っても価格も底値に届きません。

先安感があるので、みんな買い控えをしています。在庫がどんどん溜まるという悪循環が、これからもまだまだずっと続いていくわけです。中国が今後陥っていく深刻さは、日本の比ではないかもしれません。

エミン　そうかもしれません。中国経済は規模がとてつもなく大きいので、日本のデフレを遥かに超える可能性が高いですね。

武者　中国の不動産在庫は9000万戸くらいあると言われています。本当かなとも思えるような数字ですが、そんな、とてつもなくネガティブな現状があるのです。

エミン　専門家は習近平国家主席に「デフレになるぞ」と言ったら、「デフレの何が悪いのか、モノが安くなっていい」と言ったらしいですね

武者　日本人でもそういう人がたくさんいましたから。不動産インフレが終わって、不動産の値段が下がったとき、「みんな不動産が買いやすくなっていいじゃないか」と、多くの日本国民は言っていました。日銀の人たちの中にもそういうデフレマインドの人がものすごく多かったのです。

エミン　じゃあ、中国は本当に日本と一緒ですね。まったく同じ過ち、まったく同じやり方、まったく同じマインドで進行しているのですね。「デフレの何が悪いのか？」みたいな。確かにそうだね。そんな感じがします。

武者　しかしモノの値段が下がると、やはり企業は伸びないのです。

エミン　この30年間は単純に「モノの価格が下がっていいじゃん」という話ではなく、結果的に日本人の可処分所得が減ったわけです。トップラインは増えないのにボトムのコストが増えた。税収がオーガニック（自然）に増えないから税金を上げるしか手がなくて、給料が上がらないのに負担率ばかりが増えた。デフレでモノの価格は下がったように見えるけれど、可処分所得が減ってしまうといくら下がっても意味がない。

本来はマイルドなインフレにすることによって好循環をつくる必要がある。デフレもマイナスですが、インフレはあまり強過ぎると、賃金が追いつかないので深刻な事態になります。

武者　インフレは緩やかでないと、逆効果になります。

エミン　賃金が上がらないのにインフレになると購買力が落ちて、消費が停滞します。5％以下のインフレはマイルドです。その感覚でみなさんがやっていくと、経済が好循環的に回る。値上げされて、賃上げされて、消費して、値上げして、賃上げして、消費してという循環です。

武者　株も上がります。

エミン　その好循環が壊れてしまうと停滞して、結局コストだけが増えて、可処分所得がどんどん減ります。購買力が減る。デフレを喜んでいる人たちは、その全体像が理解できていないと思います。

武者　中国のこれまでの不動産価格の上昇で、大きな恩恵を受けたのはマンションを持っている人だけではなく、政府です。中国ではさまざまな投資の85％くらいを中央でなく地方政府がやりますが、地方政府の収入源で一番大きかったのは不動産の利用権の売却代金でした。

不動産収入が歳入の４割を超えていたわけです。だから不動産価格が上がると地方の税収がどんどん増え、その潤沢《じゅんたく》な税収によってさまざまなインフラ投資もでき、企業誘致して、非常に競争力の強い企業もつくっていけました。不動産は打ち出の小づちだったのです。

エミン　何もない土地に建物を建てて、売ればよかったわけです。簡単に儲かりました。

武者　まあ、錬金術です。中国はそれをずっと続けてきたわけです。その錬金術が当たり前になってしまっているので、マインドセット（思考パターン）は変わりません。バブルに熱狂した中国は、相当冷やさないと戻らないでしょう。崩壊すると長期停滞は避けられません。

エミン 日本の場合は30年間も停滞しました。

武者 日本は政策の間違いもありました。デフレをウェルカムと考える人たちが、デフレ脱却に対する政策にかなり反対しました。具体的には日銀と財務省です。

その結果、日本は貯蓄余剰がたっぷりあるのに国内の余ったお金を活用できなくて、企業とか投資家は余ったお金を全部海外に投資しました。円キャリートレードもそうですし、あとは企業も、グローバル化するために海外で企業買収をしました。国内を放ってグローバルで発展しようとしたわけです。

そういう意味では、グローバル化できたのはよかったけれども、国内の市場から資本は逃げ、工場は逃げ、デフレで人々のメンタリティも購買力もどんどん落ちました。そうして、この30年間で日本の国内の経済がすごく疲弊したわけです。

エミン その疲弊からすでに現在は考え方が明確に変わり始めています。当時の日本のバブルに対する考え方とか、その後の対処には、ものすごく反省すべき点が多い。

ただ、2000年代以降の動きは政策のせいではありません。日本の停滞はインターネット革命とか、半導体産業のフォーカスがメモリーからロジックへと切り替わったことへの対応が遅れたのが原因です。政府だけではなく、民間セクターにも大いに責任があります。

なぜ日本経済は30年間も低迷したのか

エミン　明るいニュースとしてはかなりの企業で世代交代が起きていることがあります。デジタル親和性の高い人たち、デジタルネイティブな人たちが、企業のトップとか経営層になっています。経営者たちの世代交代がポジティブな変化をもたらすと、私は期待しています。

武者　株も、経営者が変わると上がります。

エミン　私は日本の経営者では先日亡くなられた鈴木修さん（元スズキ代表取締役社長）が好きでした。自家用車もスズキです。そういう伝説的な経営者がいる一方で、フレキシブルに動けなかった人たちもいました。それが事実です。しかしながらだんだん日本も変わっています。世界のＤＸ化に伴ってデジタル赤字が増えて、対米黒字も減っています。

　しかも、今の日本はそれ以上にインバウンドで儲かっています。だからデジタル赤字は気にしなくてもいいというか、どのみちＤＸ化は必要なので、ソリューション開発あたりからやっていけばいいと思います。

武者　日本の企業がここまで低迷した大きな理由に、アメリカとの関係があります。そもそも30年前は世界のハイテクのハードウエアは、ほとんど日本がつくっていたのです。テレビ、PC、半導体……、それはすごかった。

しかしながら、今はすべてが日本製ではなくなりました。日本から韓国、台湾、中国に行ってしまったのです。その最も大きな要素は、異常に強くなった日本が、アメリカの国家安全保障上の脅威となってしまったことです。

エミン　アメリカはジャパンバッシングをして、円高を導入して、日本の企業が競争できないようにしました。

武者　そればかりか、日本のコンペティター（競争相手）を韓国とか台湾とか中国など、近隣諸国にどんどんつくったのです。クリス・ミラーが書いた『半導体戦争　世界最重要テクノロジーをめぐる国家間の攻防』（ダイヤモンド社・千葉敏生翻訳）という本に敵の敵は味方だと書いてあります。つまり日本をやっつけるためには、日本の敵を支えることが必要だったのです。

具体的にはサムスンです。アメリカの企業、インテルなどは、サムスンにどんどんテコ入れをして日本企業を叩きました。日本企業がほとんど投資できないような状態に追い込みながら、一方でサムスンにはものすごい技術の供与をしたわけです。

だから韓国の今の半導体の隆盛は、かなりの程度アメリカがサポートして、日本の代替供給源を韓国につくろうとしたことが理由です。ＴＳＭＣもそうです。そもそもＴＳＭＣは国策会社としてつくられました。創業者のモリス・チャンは、もともと台湾政府から招かれた経営者でした。

エミン　それが民間になって、現在は完全にプライベートカンパニーになっています。

武者　そういう意味で半導体企業は、どこの国でも国策会社としてつくられ、政府のサポートがあったのです。その背景にアメリカの地政学的な思惑があり、国際分業が展開されたのです。

私は１９８０年代の後半には半導体のアナリストでした。日本の半導体のシェアは世界の５割で、当時のアメリカの半導体産業は逆立ちしても日本に勝てませんでした。

勝てない最大の理由は、資本コスト、金利の高さでした。日本の金利は水準そのものは３％、４％ですが、企業はエクイティファイナンス（新株発行を伴う資金調達）を行うので、非常に安い資金調達が可能だったのです。例えば当時流行りの転換社債を高株価の下で発行すれば、資金コストはゼロ近辺でした。

一方、アメリカの金利は当時10％。10％のコストで設備投資していましたので、アウトプットが出るまで3年間巨額の投資資金を寝かせるというのは困難でした。アメリカの企業は日本企業に、資本コストの違いだけで競争にならなかったわけです。今から三十数年前は、アメリカ企業はまともに戦って、日本企業に勝てるわけがなかったのです。だから、どうすれば日本を叩けるかということで、いろいろなプランを考えて、ありとあらゆる手を使って、日本を潰したのです。

エミン　結果として、日本企業は何をやってもアメリカや近隣諸国には勝てない、という状況に追い込まれたわけですね。

武者　ほとんどフリーランチ（容易にありつける利益）に近い勝利、快進撃をしていたのに、ある日突然、まったく逆になったわけです。だから、経営者も、どのように判断していいか、まったくわからなかったはずです。

これが1990年代初頭から2000年までの、日米貿易摩擦の頃の日本の産業界です。日本の企業経営者自身もまさか、アメリカによる日本叩きがビジネスの土台をどんどん崩していくという大局的な見方はまったくできていませんでした。そういう悲劇を引き起こした一つのきっかけが、1989年に発行された石原慎太郎さんと盛田昭夫さんの『NOと言える日本：新日米関係の方策』（光文社）。「日本は産業の競争力でアメリカを追い越した。これからはアメリカと対等に口が利けるんだ」という内容の本です。日本で発売されると、たちまちアメリカ議会内で翻訳が回覧されたと言われています。非公認の翻訳書が数多くつくられてたくさんのアメリカの人たちに読まれました。

しかしながら事実上日本は、アメリカに軍事的な意味で完全に従属している国でした。植民地とは言えないけれども、アメリカにとっては自らのテリトリーという意識です。その中にいる日本が、半導体、それから当時の商品で言えばVTRとか、カラーテレビとか、アメリカで開発されたさまざまな先端エレクトロニクスをすべて支配して、アメリカの企業はどんどん破綻しました。冷戦も終わって、アメリカにとって大変に大きな脅威になった日本を、「その状態は許せない」と、国を挙げて叩くことが決まったのです。

エミン　当時のアメリカの一番大事な産業政策は、GATT（関税及び貿易に関する一般協定）とかWTOを無視して、日本を叩くことだったのですね。

武者　では、アメリカ企業は日本の企業の供給力を代替できるかというと、その土壌もないし、賃金も高いので国内に製造業は戻せません。結局、韓国や台湾、そして中国に、日本のさまざまなビジネスをシフトさせたわけです。
このような大きな変化は、今から振り返ると絵に描くようにわかりますが、その渦中にいる人間としては、何が起こったかまったく理解できないままに時が過ぎていたのです。ようやく壮絶な逆風の時代が終わって、今はまったく逆の時代が来ているわけです。

エミン　中国のサプライチェーンをストップするために、何がなんでも日本にシフトするということですね。

武者　たとえば、ラピダスの工場に5兆円かけると言っているわけです。これもIBMが技術を提供します。日本に最先端の半導体の供給拠点が必要だというアメリカの要請に基づいた国際的なプロジェクトです。

エミン　先にもお話ししましたように、アメリカが日本を選んだのは、やはり地政学的な観点からでしょう。韓国も、台湾も、中国も、米中戦争が起これば非常に危険な地域になります。

武者　地政学のとんでもない逆風が、今度は地政学のとんでもない順風に変わっているのです。地政学は、ビジネスの土台を考える上で決定的に大事で、こういう状況の変化は、起こっている最中には証拠がありません。しかし後になると、ボロボロと証拠が出てきます。その時点ではまったくわからないままに物事が進んでいきますが、実は、裏で筋書きを描いているアメリカならアメリカの官僚がいたりするわけです。

地政学的な逆風が、今度は手のひらを返したような地政学的な追い風になるのは、滅多にない状況だと思います。中国に対しては、30年前の日本と似たようなことが起きています。

エミン　唯一、違うのは、中国は軍事力を持っていることです。日本は軍事力がないのでアメリカに対抗できませんでした。アメリカに何かされたら報復する術《すべ》がなかったのです。しかしながら中国は嫌がらせをされたら、若干は報復できる力があります。

武者　ただ、それは中国にとって非常に危険です。勝ち目がないからです。勝ち目がないのに軍事力があるために中国のビジネスモデルも変えないし、アメリカに対して敵愾心《てきがいしん》を強めて対抗していくわけでしょう。そうすると本来、もっとソフトランディングできるはずのビジネスモデルの転換が、最終的に破局するまで転換できなくなります。中国は、共産党独裁政権ですからね。

エミン　その可能性はありますよね。

武者　中国経済の復活は、共産党政権が変わらない限り、難しい。そもそも、コーポレート・ガバナンスも何もない。資本コストに基づいたファイナンシャルマネジメント（財務管理）も、アイデアすらない。
中国企業はシェアが増えて、世界で一定のプレゼンスは成し遂げることができたとしても、企業としての発展は本当にありません。だから、あの国はものすごく不幸な国だと思いますよ。

エミン　アメリカは米中関係を米ソ冷戦と同じ展開に持っていきたいわけです。米ソ冷戦がスタートした時点で、アメリカとソ連の技術的な差はそんなに大きくありませんでした。コンピュータにおいても、半導体技術にしても１９７０年代まであまり変わらなかった。
しかし、１９７０年代から圧倒的にアメリカが差を付けてきました。理由はソ連には自由なエンタープライズ（組織）がなく、半導体開発をしている組織の数がアメリカとソ連とではまるで桁が違うからです。だから市場規模が違うのです。結局、１９７０年代に完全に追い抜かれて、１９８０年代に入ったらソ連は独自の半導体開発を諦めました。

武者　技術的な競争に完敗したわけです。

エミン　中国は変なプライドを持ってアメリカと対抗していきます。確かに当時、ソ連にもすごいプライドがありました。二大国という意味での一つの軸だったわけですから。しかしながら、最終的には自由主義経済、しかも、リソースをたくさん持っているところには勝てません。アメリカは米中関係をかつての冷戦のような状態に持っていこうとしている可能性があります。そして、中国はまんまとトラップに引っ掛かっているような気がします。

中国は本来、味方に付けなければならない周辺国と、ずっと小さなイザコザを起こしています。「俺は王様だから、みんな属国だから言うことに従え」みたいなスタンス。中華思想です。

アメリカの長期戦略が日本と同じになるかどうかは別として、中国にはフレキシビリティがありません。一党独裁なので柔軟に動けないのです。一方、アメリカは良くも悪くも4年間トランプ政権をやって、トランプが負けて、全然違う人たちが来て、またトランプが戻ってきた。そういう自由な動きがあります。

アメリカ株のバブルは続くのか?

エミン　第二次トランプ政権が終わった4年後、また大きく変わるはずです。アメリカはいろいろなことを試しています。第一次政権でトランプが採用したものの中で、バイデンが白紙にしたものもありますが、キープしていることもある。キープしているのは、対中戦略。ということは、対中戦略は長期的な国策ということです。バイデンになって中国に対する追加関税がなくなったかと言えば、なくなってはいません。むしろ、バイデンのほうが中国に対して厳しい規制を敷きました。

武者　アメリカはアメリカで山ほど問題があります。貧富の差がどんどん拡大して、本当に一種のオリガルヒができてしまっています。

エミン　私がエブリシング・バブルと言ったとき、本当にありとあらゆるアセットクラス（リスクや値動きが似ている各資産グループ）が膨らんでいました。一度、それが崩壊しましたが、２０２４年になってから崩壊したアセットクラスの一部がまた膨らみました。具体的には仮想通貨、ミーム株（ＳＮＳで急速に注目を集め、短期間のうちに急騰する株式）などです。

だから、バブルが一時的なものなのか、持続可能なのかはわからないけれども、現在のアメリカはオプション取引が多い。しかも激増しています。特にゼロデイ・オプションが増加しています。ゼロデイ・オプションとは同日に有効期限が切れるオプションです。つまりアメリカ株が一種のオンラインカジノ化しているわけです。そのギャンブル的なオプションに個人投資家が手を出して、株価が伸びているという面もあります。

武者　何かしら、大きいバブル崩壊をもたらす可能性はありますね。

エミン　２０２２年に一度マーケットが落ち込んでから再びバブルテリトリーまで膨らんだのは、ＡＩ関連です。それが今後もう一度崩壊する可能性は大いにあると思います。

武者　もう一つ、アメリカで忘れてはいけないのは、近年のＡＩ革命が大きな規模の生産性上昇とか、あるいは、ビジネス社会の変化を引き起こしていることです。いわゆる従来の生産性上昇のように年率何％ということではなく、指数関数的に変化をするという技術革新の時代に入っています。

ムーアの法則というものがありますよね。その1年半程度で2倍になる集積度の高まりの法則と同じような、ＡＩのスケーリング則という法則が始まっています。ネットワークの規模が集積すれば高速化が可能になり、生産性が上がり、計算上の損失が減るという法則。それが急速に高まっています。

エミン　ＡＩのアプリケーションは今までの半導体と違って汎用性がありますから。

武者　人間が頭脳労働でやる領域はすべてＡＩに置き換えることができるわけです。半導体だと特定の専門分野ですが、ＡＩとなると、あらゆる領域を機械が代替できることになります。現在、ものすごく大きな産業社会の変化が起ころうとしています。

エミン　たとえば、イーロン・マスクはテクノロジーを使い、人を減らすことやコストを減らすことに本当に積極的ですね。

武者　彼は新しい技術の導入による、劇的なコスト構造の変化をいろいろな場所で実践して成功しています。とんでもないスピードでの技術革新がずっと続いていて、この動きと進化は新しい時代の産業革命でしょう。最終的にどういう決着をもたらすかは見えないけれども、少なくとも先日までＮＶＩＤＩＡの株価が異常に上がっていました。

エミン　ＤｅｅｐＳｅｅｋの登場で暴落する場面もありましたが、一時はＮＶＩＤＩＡの時価総額は日本のＧＤＰに近づく勢いでした。

武者　ＤｅｅｐＳｅｅｋは中国政府が情報を抜いてしまうことがみんなにわかっているので、これからどうなるのかはわかりません。

少なくとも自由主義国には、ＮＶＩＤＩＡと同じような供給力を持つコンペティターがいなかったのです。希少性によって高い値段が維持できていたのです。だから生産量ではなく、単価の上昇によって儲かっているわけです。

それを可能にしたのはＡＩ技術です。いわば独占性とか希少性があればできるわけです。アメリカが最先端のテクノロジーを独占的に占有することによって、相対的にアメリカの持っている商品の交易条件が高くなります。だから、ＮＶＩＤＩＡのＰＥＲの上昇はＮＶＩＤＩＡの製品の値段が上がることへの期待だったわけです。そういう変化がアメリカのさまざまなところで起こる可能性があると思います。

エミン　今のアメリカのマーケットはちょっとバブル的に見えるけれども、実態経済の変化という見方もできるわけですね。

武者　どんどん膨らんでいってバブルが破裂というより、バブルに伴って産業構造が変化しているという可能性ですね。そうなると、息の長い上昇相場が始まっている可能性もあり得ると思います。要するに、アメリカでは、ある産業や技術により株価が上昇し、その株が下がる頃には次の産業や技術の登場で、また株価が上がる。そういった産業構造の変化により、長い上昇相場が始まっているのではないか、と私は考えています。

エミン　アメリカ株は一度下がると、私は考えています。そこが武者さんと違うポイントで、理由はＩＴバブルのとき、インターネットの登場に市場は沸きましたが、実際に人々の生活を大きく変えるまでには時間がかかったからです。ＡＩは産業革命的なインパクトがあります。しかし、ＡＩが実際に人々の生活やビジネスに大きく広く浸透するのは、まだ先だと思っています。

今、すごく儲かっているのはＮＶＩＤＩＡで、ＩＴバブルのときのシスコに似ています。当時、シスコは時価総額で瞬間的に1位になった。ＮＶＩＤＩＡは２０２４年に時価総額1位になったでしょう。

だけど、シスコはその後も業績はよかったのですが、結果的にシスコではなくて、ソリューションプロバイダーが大きく成長しました。インターネットを使ったサービスやアプリをつくっていた人たちです。Ｇｏｏｇｌｅやａｍａｚｏｎですね。そういう視点で考えると、ＡＩはまだ初期段階だと思います。理想相場なので、理想相場は必ず一度終わるという宿命にあります。

武者　時間を費やして、本当の意味で実績相場、業績相場に移行するということですね。

エミン　本当の意味で実績相場となるには、10年間くらいかかるのではないでしょうか。その間にＡＩが私たちの生活を少しずつ変えて、ゆっくりと浸透していく。オープンＡＩは企業価値としてすでに50兆円を超えていますが、売り上げはものすごく少ないのです。まだ、マネタイズできていないわけです。今ＮＶＩＤＩＡチップのレンタル料も値下がりして供給過多になってきています。だからこの相場は、一回終わると思います。
その後に、本当の意味のＡＩ相場が来て、本当の意味のソリューションプロバイダーが現れ、いろいろな分野においてＡＩが世界を変えてしまうでしょう。

武者　そのときに現在のＧｏｏｇｌｅのような、真のフロンティアが出てくると。

エミン　ＡＩは今まで開発にすごくお金がかかると思われていたけれど、わずか５５０万ドル（８・３億円）でつくられ、ＣｈａｔＧＰＴと同等の機能を持つＤｅｅｐＳｅｅｋが現れた。今後、いろいろなＡＩエンジンが出てくると思います。つまり、ものすごく設備投資が必要だったり、ＧｏｏｇｌｅとかＡｍａｚｏｎでしかできないような高い技術が必要だったりすることはなくなるはずです。コモディティ（汎用品）化されて、本当の意味でいろいろな人たちが活用して、さまざまなビジネスが生まれてくると私は思います。

長期的に仮想通貨はどうなるのか

エミン　ＡＩ技術の方向性が決まってくるのはこれからです。環境関連もそうだったでしょう。ESG投資とか、あと電気自動車も。一時的には上げ下げはあります。しかしながら長期的に見ると、まだ方向性は見えていません。すごく長期的なトレンドでどうなのかは……。

その意味で見ると、電気が足りないというのも、再び原発を稼働させる契機となります。大きな流れの中で上げ下げが起きて、再編され、新しいスタートとなる。AIはまだ第1ステップの中にいるという感覚です。

武者　ただ、どこかのスパンでコンソリデーション（膨張した金融の調整）があるとして、それが1年後なのか2年後なのか。

エミン　それはわかりません。コンソリデーションは起きてもおかしくないと思っていました。まだAmazonとかMicrosoftはクラウドビジネスが大きいのでいいとして、Appleはめちゃくちゃ時価総額が大きいけれども、ここ5年間で売り上げは伸びていません。利益も伸びていません。どうしてAppleがこれほど買われる必要があるのかという疑問がすごくあるわけです。

武者　バフェットは大量に売っていますよね。

エミン　アメリカ株の中でもミスマッチがあります。アメリカ株はすべて高いかというと、そうでもありません。今、Ｓ＆Ｐ５００の中の上位10社でＳ＆Ｐ５００の時価総額の40％を占めています。集中し過ぎています。しかしながら、残りの４９０社はダメな会社かといえば、そうではありません。アメリカにはいい会社はいっぱいあります。

武者　私はエミンさんに聞きたいのですが、仮想通貨が大きく上がっています。トランプ政権が仮想通貨に対して非常にフレンドリーな政策を打ち出していたでしょう。仮想通貨の一連の動きに関しては、どう考えていますか？

エミン　もともとの仮想通貨には、独裁国家からお金を動かしたりとかお金を届けにくい場所に援助を届けたりとか、いろいろ良い意味でのユーティリティー（実用性）は一定数あります。もちろん、それは悪い方向もあり、犯罪、たとえば、「コンピュータを乗っ取ったので、ビットコインを送ってくれ」みたいに悪用されることも多い。その両面があります。

それと地政学が関係していて、ドルを使いたくなければ何かを仲介して取引をしなければならない。ロシアは「国際決済にビットコインを使う」と先日発表しました。

武者　それにしても、２０２４年のビットコインの上昇率はすごかった。

エミン　個人的に仮想通貨の何が嫌かというと、優秀なコインだけならよかったのですが、まったくレギュレーションはないのでいくらでもつくれる点です。簡単につくって上場させることができてしまうのです。

企業は上場するまでさまざまなプロセスが必要で、時間がかかります。その一方で、仮想通貨にはまったくそういう面倒臭さがなく、詐欺みたいなのをいくらでもつくることができるのです。ミームコインと言いますが、一種のオンラインカジノみたいに盛り上がって、最後のババを掴んだ人だけが損するというゲームが繰り返されているわけです。

武者　ビットコインには2100万枚の発行上限があって「供給が限られています」とされていますが、仮想通貨自体はいくらでもつくれてしまうのでまったく意味がないということですね。

エミン　最初に仮想通貨が出てきたとき、もしかしたら、将来的に株の代わりになるのではないかと私は思ったわけです。しかしながらそうはなっていません。仮想通貨は2万種類以上あって、毎日新しいものが発行されています。そのほとんどはなんのユーティリティーも本源的な価値もありません。唯一、ちょっとだけあるのはビットコインとイーサリアム、あとXRPくらいで99・99%は詐欺です。本当に、ただの詐欺です。持っていても使い道がありません。

ビットコインに関しても、最初の主張は決済手段だと、「これで買い物ができます」と言っていました。最初にビットコインが使われたのは、確かピザ屋です。ところがふたを開けてみると、誰もビットコインを買い物には使っていません。では、ビットコインで送金しているかというと、取引所によっては100ドルを送金したら20ドルも手数料を取られたりもします。もちろん手数料が安いところもあるでしょうが、現時点ではカオス状態です。これでは普及するわけがありません。

武者　今、ビットコインはデジタルゴールドだと言われています。

エミン　価値の保存手段だということですね、ビットコインはゴールドの代わりという論調に変わりました。すり替えてきたわけです。もしかしたら、価値の保存手段として役割を補う可能性もあるけれど、よく考えれば、その必要性がありません。ゴールドで十分です。

各国のCIAだの公安が、いろんなオペレーションのファンディング（資金調達）にドルを使いたくない場合に、一般的な決済システムを使わない方法としての用途が考えられます。それが一つのユーティリティーです。全体として現在の状況を見てみると、個人的にはまったく最初の目標に掲げていたものと違っている、と私は考えています。

武者　トランプ政権がビットコインを認める方針転換をしたのは、なぜでしょうか。

エミン　シンプルな話で、ビットコインの業界から多額の献金をもらっているからです。

今回の選挙では2億3000万ドルくらいもらっています。もう一つはイーロン・マスクにしても、副大統領のJ・D・ヴァンスの師匠で投資家のピーター・ティールが仲間で、彼らが、仮想通貨が好きだということです。この人たちはリバタリアンなので国に支配されていない、国にコントロールされない通貨を好みます。アメリカのテックオーナーにリバタリアンが多いのです。

武者　リバタリアンは金本位制を主張していますよね。

エミン　そう。その人たちが「フィアットマネー（政府がその価値を保証する通貨）がゴミになるから、ビットコインがいいです」と主張しています。マスクは過去にドージコインという仮想通貨を盛りあげて、それにちなんで政府効率化省の頭文字もDOGEになりました。

サイバーパンクではないけれども、サイバーテクノみたいな人たちがトランプの側に付いた。トランプ自身は仮想通貨に関しては、おそらくよくわかっていないんじゃないかと思います。

武者　そういうことだと、法定通貨にはなり得ないですよね。

エミン　ありえない。法定通貨になることは考えられません。ただし、国家にとって何かしらの使い道があるからこそ、許可されているんだと思います。

武者　むしろ、ドルに対してはコンペティター（競争相手）だからね。

エミン　それはそうです。だから、本当のコンペティターになった時点で潰されると思う。もしもビットコインのことを、アメリカがドルへの本当の意味でのコンペティターだと思ったら、アメリカはビットコインを潰します。

武者　今のところは、そういう動きはありません。

エミン　仮想通貨はアメリカにとっても便利な部分はあります。いろいろな場所にお金を動かすことができます。ビットコインが生まれたのは、リーマン・ショックのあとです。リーマン・ショックで何が変わったかというと、アメリカがスイスの銀行に情報開示をさせたのです。

武者　お金を隠せなくなったわけですね。

エミン　だからビットコインが生まれたのかもしれません。最初、私は仮想通貨に対してすごく期待しました。嫌いではなかったのですが、だんだんとビットコインを熱烈に応援している連中が嫌いになりました。界隈というか、オカルトみたいになっています。少しでも批判すると、すごい勢いで攻撃をしてきます。

多くの人が仮想通貨絡みの詐欺に引っ掛かったりしています。だから、「そんな不安定な業界に資産を突っ込んだりする必要はない」と私は考えています。普通に株を買えばいいだけのことです。

武者　DMMビットコインは北朝鮮に数百億円もパッと持っていかれてしまいました。

エミン　投資先としては株、コモディティ、債券といろいろあります。こんなに投資先が豊富なのに、仮想通貨というテクノオカルトみたいなものにお金を突っ込む必要はまったくありません。唯一のプラス材料は、仮想通貨に対する恐怖感で海外送金の手数料が下がりました。電子決済も普及して、手数料は全体でめちゃめちゃ下がりました。

武者　この数年間で電子決済は決定的に浸透しました。

エミン　仮想通貨を脅威に感じて本気で変えたということです。しかしながら、電子決済が一般化した以上は、今度は仮想通貨が要らなくなってしまった。

武者　仮想通貨に対する最初の期待は、各所にATMみたいなのが設置されてビットコインのコールドウォレットを持っていくと、そこから本当のお金が取り出せるみたいなところにありました。

エミン　最初はそんな仮想通貨の未来像を掲げていました。それを実現させせると主張して大々的にお金を集めた会社がありましたが、実現しませんでした。詐欺だったわけです。あと、トルコでもめちゃくちゃ仮想通貨は流行りました。理由は通貨があまりにも下落して、なんとかして資産を守りたかったからです。それとビットコインには規制がなく、税金もかからなかった。コロナ禍をきっかけに爆発的に広がりました。

武者　これからどうなるかわからないけれど、仮想通貨よりも投資をするべきところはあるということですね。

エミン　私は、そう思っています。私は仮想通貨に価値を置いていません。ほとんど詐欺だから、そんなものに時間を費やす必要がない、と考えています。あとはアメリカはこの手のものを一瞬で潰すことができるのでリスクも大きい。国として脅威だと思えば簡単に潰します。

武者　もう一つ、お聞きしたいのですが、ブロックチェーンの技術は、ビットコイン以外にいろいろな形でアプリケーションとして広がっているのでしょうか。

エミン　広がっていません。ブロックチェーンも、大した用途がないんですよ。

武者　いろいろな意味でアカウンティング（数字で表したもの）を共有することができるわけだから、ある程度技術が伴えば、たとえば会計のドキュメントとか、あるいは履歴とか、あらゆるヒストリカルなレコードをデータベースでキャリーオン（引き継げる）できるわけですよね。

エミン スマート契約みたいなものですね。そういう意味の期待はあったので、日本もデジタル契約に変わりました。今、多くがクラウドに変わりました。確かにブロックチェーンは中央でコントロールできないのであとで改ざんできません。そのため、一定のユーティリティーはあるけれども、一般社会にブロックチェーンが広がることはないんじゃないか、と私は考えています。

武者 透明性とか、あるいはインテグリティー（完全性）とか。ブロックチェーンの技術がいろんな形でＡＩと結びついてアプリケーションが広がると、すごく面白いかなとは思っています。

エミン まだまだ、これからというところでしょう。もっと規制ができて、ギャンブル的なものから脱却して、生活に密着したいろんな便利なサービスが生まれれば面白いと思いますが、現時点では少なくともそうはなっていません。

第7章　2025年 株式Q&A

Q 「日経平均大暴落説」についてはどう考えるか？

武者先生やエミン先生のように、これから日本株は大きく上がると予想される方々がいらっしゃる一方で、澤上篤人先生や亡くなられた森永卓郎先生は、「現在は壮大なバブルで、大暴落がやってくる」とおっしゃっています。

特に森永先生は「日経平均は2000円になる」とまで言われていました。

これらの意見について、どうお考えですか？

A 武者 「アメリカ株も日本株も暴落しない」

武者　いろいろな方々が、「現在はバブル状態だ」と言っていますが、今の経済体制自体が、そもそもバブルなのです。つまり、現在の経済というのは、まったく価値のない紙を紙幣として著しく大きな値段を付けることで取引をしています。不換紙幣の時代になり中央銀行は自由に紙幣を印刷できるようになりました。それをベースに銀行はさらに信用を創造し、それが大規模な需要をつくり出してきたのが、アメリカで始まった現代資本主義です。現在の資本主義体制そのものが、バブル体制なのです。

しかしリーマン・ショック以降銀行の貸し出しがまったく伸びなくなりました。中央銀行がマネーを供給しても、かつてのように銀行信用の累積的増加が起き、需要創造を引き起こすという機能がまったく働かなくなったのです。

ということで、信用創造に代わって需要を意図的につくっていくための手段として現在登場したものが、資産価格の上昇なのです。

要するに、現在バブルに見えている株や不動産の上昇によって需要が創造されているのが、今の経済構造なのです。

２０２３年の統計によると、アメリカの成人のおよそ58%が何らかの形で株式市場に投資をしています。これまでの章で説明してきましたように、アメリカには１００%の株主還元をしている企業も多い。配当などの形で企業から国民に還元され、購買につながっていくわけです。

企業も銀行から借入をしなくても、自身の株価の上昇による利益で設備投資をしていく。不動産も同様です。

今や、アメリカを筆頭に先進国はこのような形で経済拡大が進んでいます。日本企業の大規模な自社株買いがニュースになっているように、日本もその方向に進みつつあります。

現在は、経済自体がバブルという信用創造によって成り立っているのです。

バブルは必要があって発生している

「現在、株はバブルで、いずれ崩壊する」という主張があります。

しかしながら私はその立場を取りません。

その理由は、今の資本主義体制、つまり、不換紙幣のもとでの経済体制自体が、価値のない物体に価値があるように見せかけて経済を構築しているという意味で、バブル経済体制とも呼べる仕組みになっているからです。

アメリカでは資産価格が従来の常識を超えて上がっています。たとえばバフェット指数（株式市場の時価総額÷その国のGDP×100）という株式の時価総額のGDPに対する比率を見ると、かつては100％とか150％であったものが、最近では230％ぐらいになっています。したがってウォーレン・バフェットも株式市場に対して慎重になっていますし、ほかの方々も、株式時価総額が経済に対して異常に拡大しているという意見を述べています。

あと、ＰＢＲが日本だとかヨーロッパは1倍から2倍であるのに対し、アメリカは4倍から5倍と、異常に上がっているという指摘もあります。

従来の常識的なレベルを超えて、バフェット指数やＰＢＲが上がっていることに対して、バブルと呼びたくなるのはわかります。

だから、そのバブルが崩壊してバフェット指数なら１００％、ＰＢＲであれば、２倍とか3倍、あるいは1倍台まで下がるという意見も理解できます。

しかし繰り返しますが、私はそうはならないと考えています。

なぜ、バブルが崩壊しないか？　それは端的に言って、現在の経済は広い意味での信用創造（銀行信用だけでなく資産価格上昇も含む）による需要創造が不可欠だからです。

テクノロジーにより、技術がどんどん進化しています。そのため、供給力が大きく増加しています。その結果、相対的な需要不足が常に起こっています。

したがって、政策的に常に需要を創造する手段を持たなくてはいけない。ところが現在のアメリカの経済、そして日本経済も向かおうとしている方向は、先ほども述べましたように、株価上昇など資産価格の上昇により購買力をつくっていくという新たな信用創造の時代に入っています。

まとめますと、従来の銀行貸出に代わって資産価格が信用創造の最も重要な経路になっているとすれば、過去のレベルを超えて株価だとか不動産などの資産価格が上がる必要性が生まれるわけです。ただし、資産価格が経済の理屈を超えて上昇してしまうと、上がり過ぎた資産価格は持続可能ではありません。

では、その基準となる経済のファンダメンタルズ（基礎的な要因）は何か？

それは、株式だとか不動産が提供するリターンとの兼ね合いにおいて、株価や不動産価格が異常に割高かどうか、ということだと思うんです。

現在は米国の株式のリターンである益回りが国債の利回りとニアリーイコール（ほとんど等しい）なので、バブルであるとは言えませんが、このままいくとバブル化していく可能性がある瀬戸際であるとは思います。

長くなりましたが、以上のような理由で、私は澤上さんや森永さんのように、現在が大きなバブルで近々崩壊する、という説は理屈のうえで実現の可能性が少ないと考えます。

バブルが崩壊して、ＰＢＲ1倍、バフェット指数１００％というような数字に戻るという考えを私は正しくないと思っています。

A エミン 「アメリカ株は暴落するが日本株はしない」

エミン　アメリカ株に関しては、私は完全にバブルだと思っています。そのため、武者さんとは違い、私はバフェット指数が１００%に、少なくとも短期的には戻ると考えています。ただポイントは、武者さんがおっしゃるように、最終的にはＦＲＢがお金を刷って、また膨らますと思います。

彼らは現在のシステムが壊れるまで、つまり、ハイパーインフレかハイパーデフレが起きるまで、とことんやると思います。

たとえばコロナ・ショックのときには、バフェット指数が１００%近くまで戻りましたところがＦＲＢがお金を刷りました。何かきっかけがあればバフェット指数が１００%ぐらいまで戻るけれども、そのたびにＦＲＢはお金を刷ります。その結果アメリカには資産インフレが起こり、資産バブルが起き続けています。武者さんが言われるように、この資産バブルそのものが現在の経済になっています。その点は、私も賛同しています。

ただ、私は、この仕組みはそのうち崩壊すると思います。ただ、今すぐ崩壊するかというとそうではなくて、このブーム・バスト（経済成長と衰退）というサイクルを何回か繰り返し、最終的にはお金を刷ってバブルをつくるというからくりは完全に崩壊するでしょう。

いずれにせよ日本株に関して言うと、ＰＥＲは16倍です。アメリカ株のようなバブルではありません。アメリカ株は62兆ドルの時価総額が付いているのに、米上場企業の利益はトータルで２兆ドルしかないのです。

そのアメリカ株と比較すると、日本株は大変割安に見えます。

日本株はまだまだ上がる余地がある

割安であるということに加え、もう一つ日本株には強みがあります。

日本株はトップライン（売上高）が増えなくとも改善余地があります。たとえばＲＯＥを高めたり利益率をよくしたり、ＰＥＲを改善させたり、といういわゆる内的成長、株価の内的要因、インターナル要因による株価の成長のポテンシャルが高いわけです。アメリカ株にはそのポテンシャルがもう、それほどありません。すでにＲＯＥは20％ですから。アメリカえ、そんなに高いの？　と驚くかもしれませんが、Ｓ＆Ｐ５００は、実際に平均ＲＯＥ

が20%なのです。だからこれ以上スクイーズ（絞り出す）しようがないのです。

しかしながら日本株のROEはまだ1桁台ですから、いくらでもスクイーズしようがあります。日本企業のメンタルやマネジメントの考え方が変わるというだけでも、日本株は大きく上がります。

しかも、本書でも述べましたように、日本企業のメンタル自体が今、大きく変わろうとしています。

だから私も非常に尊敬していた森永さんがなぜ日経平均が2000円まで下がると言っていたのかが、私には理解できませんでした。きっとなんらかのロジックはあったでしょうが、個人的にはもちろん賛同していません。3万円を下回ることは一時的には何かのアクシデントであるかもしれませんが、3万円でサポートされていますので、相当なことがない限り、3万円を下回るシナリオは考えにくいと思います。

Q 個別株がいいのか、インデックスがいいのか。

個別株のポートフォリオをつくるよりも、日経平均やニューヨークダウに連動した投信を買ったほうが勝ちやすいという話を聞きますが、この考えについてご意見をお聞かせください。

A 武者「トップダウンから考え個別株」

武者　どっちが儲かるかは人によると思います。私は選球眼があるならば、当然、個別株のほうがいいと思います。これまではある程度専門家、専門的な知識がある人が株を買っていました。ところが現在は、預金の代わりに株を買うという時代です。たとえば株式に対する基礎的な知識だとか、個別株を調べる時間が十分にない人、そのスキルがない人が、多くの資金を株式市場に投入するとなると、これはやはり、インデックスにならざるをえない。

要するに、どういう方法がいいのか悪いのか、というよりは、投資資金だとか投資家の状況において、より好ましい投資手段を考えるのが大切で、どちらも意味はあると思います。

もちろん、個別株は平均よりもプラスアルファがあるわけですから、さまざまな知恵だとか、あるいはスキルがある人にとっては個別株をフォーカスするほうが、より高い超過リターンが得られる可能性があります。

さらに言いますと、大きな経済の趨勢の中で、どういう方向に経済が向かっていくかというのは、トップダウン（上から下へ）でもイメージが掴めると思うんです。

たとえば、これからは円安で、日本に世界の需要が戻ってくる時代なので、内需株主体の経済活動が活発化していくだろうというようなシナリオは容易に予想し得るわけです。そういうシナリオに基づいて考えれば、インデックスよりは内需株主体のポートフォリオを組んだほうが、利益が上がると考えられます。

あるいは、世界のハイテクにおいて、日本の半導体関連は、現在のトレンドから見て、アウトパフォーム（投資成果が上がる）するというふうに期待できるでしょうから、そういうトップダウンの観点からミクロ（小規模）のセクターだとか個別株にフォーカスする方法もあり得ると思います。

A エミン 「個別株投資には夢とロマンがある」

エミン　私は株式投資の王道は個別株だと思っています。

ただ、武者さんがおっしゃっているように、証券口座をつくったばかりで、預金と株の違い、決算書、そのほか基本的なことがまだ理解できていないレベルだと、エントリーとしては、指数（インデックス）の積立でもいいのではないかと思います。預金感覚でやりたい人にはインデックスのほうがいいでしょう。

ただ、やはり株式投資の王道は個別株投資。だから、本音を言えば少しレベルアップしたら個別株投資まで進んできてほしいと思います。

株主優待もありますし、配当もある。あと、夢がある。企業の成長に自分も参加し、なおかつ資産も増える。社会にも貢献しています。そういう夢もロマンもあるのが個別株投資なのです。

世の中には「そんな夢なんて必要ないから、自分の資産をインフレから守ってほしい」とだけ考えている人もいます。そういう人は指数の積立で十分なのではないでしょうか？

Q 信用取引はしたほうがいいのか、しないほうがいいのか。

信用取引についてはどうお考えですか？

A 武者「長期トレンドが見えているのだからバイ・アンド・ホールド」

武者　株式投資には現物を買う投資とそれからレバレッジを張って元本の何倍も相場を張るという方法があります。しかしながら基本的には、レバレッジを張って投資をするのは非常にリスクが高い。レバレッジを利かせて利益を出しても、結局は株価の下落で証拠金の追加的な提出を求められ、大損をしてしまうケースが多いのです。「一時的には投資リターンが高くなることはあっても、結果的にマイナスになってしまう可能性が高いのではないか」と私は思います。

エミンさんも私も今、日本株は長期上昇トレンドが見えているわけです。長期トレンドが見えている場合は、バイ・アンド・ホールド（株式を購入後、長期にわたり保有し続ける投資戦略）でいいと思うんです。信用取引には期限があり、レバレッジを張るのは、短気のアップダウンに翻弄されてしまうということです。そのため、長期投資のメリットをみすみす失ってしまうリスクがあります。

そういう意味で、私は一般の投資家の方々にはあまりレバレッジを大きく高めた投資はお勧めしませんね。

A エミン 「投資のポイントは生き残ること」

エミン 信用取引というのは、自分の入れた元本以上の取引ができるから便利なんですよ。しかしながら、全部マックスで使ってしまうと、短期的な相場の乱高下で退場せざるをえなくなる可能性があります。相場で一番重要なことは、退場しないことです。つまり、生き残ることなのです。生き残っていれば、いずれチャンスはやってきます。もちろん信用取引にも優れたところがあります。ロング（買い）もショート（売り）も持てる。だからリスクが高まるから信用取引を使うなとは言いませんが、少なくとも運用に必要なレベルが高いことを覚悟してください。

投資のエントリーのレベルを考えれば、初歩が指数の積立、次が現物で個別株を買うこととなり、次ぐらいのステップが信用取引です。さらにその次のステップが信用取引で先物をやるとか、オプション（あらかじめ定められた期日にあらかじめ定められた価格で取引を成立させること）をやるとかというレベルになります。要は信用取引というのは中級者以上のもので、しかも退場させられてしまう大きなリスクを抱えて取引をすることになります。それを肝に銘じて行ってください。

もう一つは、私は、人は人生のステージにおいても、取れるリスクが違うと思うんですよ。だから引退間近の人が取れるリスクと、まだ20代の人が取れるリスクは違うと思います。何か難しいものにチャレンジして失敗してもあとで挽回できる年齢で、自分に自信があり、もう少しリスクが取れるのであれば、チャレンジしてもいいのですが、あまりリスクが取れないような状況で、取り返しがつかなくなるのであれば、やらないほうがいいと思います。

繰り返しますが、投資のポイントは生き残ることなんです。その意味では信用取引は生き残るためのハードルを高めてしまう場合があります。

Q 空売りをするべきかどうか。

空売りについてはどう思われますか？

A 武者 「現在、上昇するトレンドにあるので空売りは割が悪い」

武者　投資にはいろいろやり方があり、先ほどエミンさんがおっしゃいましたが、いい銘柄を見つけて夢とロマンを持ちながら投資をして、長期的にリターンを得るというのが一つあります。もう一つが短期的な相場変動をテイク・アドバンテージ（利用）して、相場の波に乗って利益を上げる空売りです。

この二つはまったく性格が違うアクティビティ（行動）だと思うんですね。

長期的な投資にもさまざまな知恵や洞察力が必要ですが、短期的なトレーディングであれば、それよりもむしろ、運動神経のよさとか敏捷性とか、そういったリアクションの能力が非常に重要になります。

そういう意味で、空売りやレバレッジを張るような、相場の波をテイク・アドバンテージして利益を上げるというのは上級者も上級者、相当なレベルでないと非常に難しく、勝ちにくい分野だと思うんですね。

だからあまりみだりに自分を過信して、リスクの高い分野には参入しないほうがいいと思います。

もう一つ付け加えれば、本書でもずっと私は話していますが、日本株は長期的には年率で10%とか15%の成長を続けて、10年後には2倍、3倍、あるいは4倍というようにどんどん上昇していくわけです。

だから上昇していくというトレンドに対してショート（空売り）を張るというのは非常に割の悪いポジションなんですね。だから相当な自信がないと空売りで成果をあげるというのは難しいのではと私は考えます。

A エミン 「空売りは株式の王道から外れているし、リスクも高い」

エミン　私は基本的に個別株の空売りはしません。方針としてやりません。先ほども述べましたが、個別株投資というのは、私の投資哲学では「自分が応援する企業の成長に自分の資産を預ける、もしくは経営者の方に気持ちを寄せて、その経営者の夢に自分の資産を託す」、そういう魅力がある。

ところが個別株で空売りをしてしまうのは、その夢に対して反対の行動になってしまうわけです。

しかも、空売りは非常に危険な行為です。ロングはたとえ買っている銘柄の会社が倒産しても投資資金以上の損失はありませんが、空売りの損失リスクは無限大です。だから私はしません。

ただし、そのほかの資産に関しては売りはけっこう使います。たとえばコモディティだったり、原油だったり、金だったりですね。場合によっては、自分の個別株ポジションのヘッジ（投資対象の価格変動にともなうリスク回避）として指数の空売りを建てたりするときもあります。

しかしながら、これは極めてハイレベルな取引なので、一般の人には勧められません。

Q ドルコスト平均法はお勧めか？

よく、初心者にはドルコスト平均法（金融商品を定期的に一定金額買う投資方法）がお勧めだと言われますが、どうお考えですか？

A 武者「堅実で成果の大きい投資法」

武者　私はドルコスト平均法は、非常に堅実で、しかも長期的に見れば成果の大きい投資手法だと思います。ドルコスト平均法を使えば、株価が下がったときには多くの株数を買うことができる。それによって取得価額の平均コストがどんどん押し下げられていく。

また日本株はこれからどんどん上昇していく過程にあるので、ドルコスト平均法の魅力がより有効に活かされる市場だと考えます。

A エミン「ドルコスト平均法は積立。初心者にお勧め」

エミン　ドルコスト平均法とは、要は積立なんですよ。わかりやすいし、マーケットタイミングを計る必要がないので、まだ株式のことが何もわからない初心者にはお勧めです。

ただ、ドルコスト平均法をやっているのであれば、相場の上げ下げに一喜一憂しないほうがいい。

2024年8月の暴落で、NISAをやっている人たちがパニックに陥って売ってしまった、という話を聞きましたが、それではダメです。積立をしているのであれば、それは一種の貯金だと思って、やっていること自体を忘れるぐらいの気持ちでいてほしい。アクティブ投資(個別株投資)であればその企業の動きが自分のシナリオと異なってきたら売ることもある。しかしながら、ドルコスト平均法で、指数に毎月同じ額を入れているのであれば、相場の上げ下げは無視すべき。

そうしたことをちゃんと理解してやってほしい。下がってもルールどおりに期日が来たら買う。パニックになって売ってしまったら、何の意味もありません。

Q 現在、日本株を大きく買っているのは誰か?

2024年は先物と現物を合わせると、外国人が2年ぶりの売り越し、個人も3年ぶりの売り越し、それでも日経平均は下がらず、4万円前後です。これはどこが買い手になっているのですか?

A 武者

「今、自社株買いが大きなブームになろうとしている」

武者　やはり今、一番大きく買っているのは企業による自社株買いですよね。東証によると企業による株式購入額は２０２３年には14・３兆円、２０２４年には21・６兆円と急増していますが、大半が自社株買いと推測されます。いちよし証券投資情報部の集計によると、２０２４年に設定された自社株取得枠の合計額は18兆３６３億円。２０２３年の９兆５７３３億円に比べ、倍近い伸びとなりました（時事ドットコム25年１月21日の記事より）。２０２５年には30兆円に迫ると予想されます。

近年、再びＭ＆Ａのブームが巻き起こっています。だから企業を防衛するためにも過剰なキャッシュをできるだけ減らし、ＲＯＥを上げて、株価を高めることによる買収防衛策が必須だと、日本の企業経営者がコンセンサス（複数の人たちの合意や意見の一致）として考えるようになっています。そのため、自社株買いは非常に大きなブームとして、これから定着すると思うんですよね。

アメリカ株のバフェット指数はＧＤＰの70％ぐらいから２３０～２４０％まで上がりま

した。株価が大きく上がり、その過程でPBRが5倍まで行きました。こういった著しい株価の上昇を一気に牽引したのが、企業による自社株買いです。その自社株買いがいよいよ日本でも本格的なブームになろうとしている。そういう意味でも、日本株の需給にとっては大変にいい環境が来ていると思うのです。

2024年は、外国人が現物と先物を足すと5兆円売ったわけです。これだけ巨額の外国人の売りをほぼすべて吸収して、日経平均は4万円前後の高値を維持できた。その大きな要因の一つが、自社株買いなのです。

自社株買いが行われるということは、日本株がバリュエーション上、非常に割安であるということです。

これらの要素により、いよいよ日本株の需給が非常に大きな追い風を受けようとしているのが、現在の情勢だと考えます。

A エミン 「自社株買いが日本株を支えている個人と外国人投資家が買えば5万円はすぐ」

エミン 外国人が売り、個人も売り越して、それでも株価が底堅く動いているのは、自社株買いが活発に行われているからということに間違いありません。自社株買いが効いていて、それが株価を支えているわけです。

企業の株主還元とかROE改善というのはいわゆるコーポレート・ガバナンス改善の一環です。東証が2023年に株価を上昇させようという試み（2023年3月31日東京証券取引所がプライム市場とスタンダード市場に上場する約3300社に、「資本コストや株価を意識した経営の実現に向けた対応等に関するお願いについて」という通知文を出した）を行い、それに沿った流れです。つまり、これからも続くということなのです。

だから、企業の自社株買いが続き、さらに外国人と日本の個人投資家が買いに来れば、あっという間に日経平均は5万円になりますね。2025年は少し難しいかもしれませんが、2026年にはおそらくは5万円を超える相場環境になるのではと予測しています。

Q 個別株の選び方は？

個別株はどういう基準で選ぶのがいいのですか？

A 武者 「伸びそうなセクターから選ぶ。中小型株のインデックスにも注目」

武者　私はエミンさんとは違い、プロの投資家ではありません。リサーチが本業です。だから相場の中で何か手がかりを自分で見つけて投資をするということは、あまり行いません。

しかしながら先ほども少し触れましたが、日本の将来がどういう方向に行くかということは、ある程度大まかに読めます。そんな中からまず伸びそうなセクターを想定して、そのセクターの中で銘柄選択をする。セクター配分からトップダウンで降りるような銘柄選択が、現在はかなり有効な局面ではないかと考えます。

もう一つ、日本の場合はやはり、国際優良株、つまりグローバルに取引をされている大企業のバリュエーションがかなり高い一方で、小型株のバリュエーションが非常に低い。しかも、小型株の中には非常に大きなビジネスモデルの変革をした企業がたくさんあるわけです。

そういう意味では、そろそろ大型株中心のインデックスだけではなく、小型株、あるいは中小型のインデックスにある程度ウエートを置くような、そういう投資スタイルも今後はお勧めできるのではないかと思います。

A エミン 「シンプルに身近なところから探し、調べる」

エミン　個別株はまず、自分が知っているところからスタートすればいいのではないかと思います。そんなことを言われても何を選べばいいのか、とみんな迷ったりすると思います。しかしよく考えてみてください。人間は一日生活する中で、実は100社ぐらいの上場企業にお世話になっています。

朝起きて、花王の歯磨きで歯を磨いたりしていますよね。ABCマートの靴を履いて、青山のスーツやユニクロを着て出掛ける。コンビニに寄る。セブンイレブン、もしくはミニストップに寄る。どちらも上場企業です。その中にいろいろな商品がありますよね。その大多数も上場会社のものなのです。

たとえば電車に乗れば、JRも上場会社、東京メトロも上場しました。

私の例を出しますと、私が個人的に好きで、面白いと思って買った銘柄がサイゼリアです。なぜ面白いと思ったかと言うと、どうしてこんなに安くて美味しいんだ、と考えた。シンプルでいいんです。これが入口というか、エントリーポイント。

あとはその企業の業績を調べる。黒字を出しているのか赤字を出しているのか。目先の業績はどうなっているのか。来年の業績予想がどうなっているのか。

これはネットでも調べることができるし、『会社四季報』は一番便利です。『会社四季報』のページをめくり、その会社の現在の状況や配当利回りがどのくらいあるのか調べて、それで納得すれば買う。

繰り返しますが、シンプルなところから入って調べればいい。調べて見つけるのではなく、周りに必ず気づくものがあるはずだから、見つけてから調べる。そういう投資が私は好きなんですよ。

アパレルとか、小売とか、宿泊とか、レジャー、外食などは、お客さんが入っているかどうか、サービスがいいかどうかを誰でも簡単に確認できる。すごくわかりやすくてお勧めですね。

日本株爆上げ30年　おわりに

楽しい対談であった。武者リサーチは2009年設立以来「論理一貫」「独立不羈《ふき》」「歴史的国際的視野」をモットーに、ひたすら事実と論理による仮説構築に基づいて調査を続けてきた。同様の価値観を持つエミンさんとの真剣勝負は、お互いに学ぶところも大きかった。

全く過去の常識が通用しない時代に入っている。例えば金利観が役に立たなくなった。コロナパンデミック前までの世界経済は日本化（Japanification）というデフレ化の危機に瀕し、ゼロまで利下げをしても人々の投資意欲は凍《こご》えたままであった。しかし今は500BPS（ベーシスポイント）と言う極端な利上げをしてもなお米国経済は好調である。また政治・地政学の世界ではトランプ大統領が侵略者であるプーチン氏と気脈を通じ、祖国防衛に苦闘するゼレンスキー氏に大きな譲歩を求めている。この現実をどう読み解き、投資成果を高めるか、困難であるからこそ調査マン冥利に尽きる時代である。

エミンさんとは大局観はほぼ一致した。第一に過去30年世界経済の中で一人負けしてきた日本が長期繁栄の時代に入り、株価は何倍もの値上がりが期待できること、第二に快進撃を続けてきた中国が、バブル崩壊から国家経済破綻の危機に向かっていること、第三にアメリカの覇権は続き、米国株も長期的には上昇を続けること、等はほぼ完全に同意できた。

ただお互いの立場の違いから意見の相違もあり、それは二人にとって発見であった。エミンさんはトルコの出身で鋭い歴史観と世界観をお持ちであり、かつ投資、資金運用のプロである故、市場分析と相場観は天下随一である。他方私はもっぱらマクロ、ミクロの調査を専門としてきたので、経済、産業分析に地の利はあるものの、相場観には今一つ自信がない。この専門性の違いが、意見の相違ももたらしている。

一番違いが大きかったのは、当面の米国経済と株価に関する見方であろう。エミンさんは米国経済が過熱し、株価はバブルであり、時期はわからないがいずれ暴落する、と見ている。私は米国経済のリセッションの可能性は小さく、株価もバブル色はあるものの上昇が続くと考えている。仮想通貨や投資家の態度にバブルと言うしかない過熱・過信があることは確かだが、まだ大丈夫と考えている。何故か？　それは実際に本文で確かめていただきたい。

二つ目の相違はトランプ政権に対する評価である。エミンさんは大富豪でありイーロン・マスク等テクノビリオネアと手を組んだトランプ氏の規制緩和は格差を拡大させ、中間層を益々苦しくすると心配する。またＳＮＳによるフェイクニュースに大衆が支配される危険性を指摘した。私はその心配はあるけれども、世界で最も民主主義の土壌があるアメリカ人がなぜトランプ氏の再登場を望んだのかという、背景に対する洞察も必要で、プラス面もあると主張した。

ただこれらの米国に対する見方は本質的な違いではない。両者ともにやはり世界から有能な人々を惹きつける力、ＦＲＢ等の優れた政策能力から、米国が世界のリーダーであり続けるということを疑っていない。エミンさんと私が共有した知見をぜひ多くの方々に知っていただきたい。

2025年3月6日

武者　陵司

エミン・ユルマズ

武者陵司

なぜこれから30年 日本株は爆上げし続けるのか？

2025年4月 4日　第1刷発行
2025年5月23日　第3刷発行

著　者　　エミン・ユルマズ×武者陵司

発行人　　岩尾悟志

発行所　　株式会社かや書房

〒162-0805

東京都新宿区矢来町113　神楽坂升本ビル3F

電話　03-5225-3732（営業部）

印刷・製本　　中央精版印刷株式会社

IISBN978-4-910364-71-1　C0033